Das

Amt des Vormundes,

Pflegers, Waisenraths

in

Preußen.

Gemeinverständlich dargestellt.

Mit Anleitung zur Aufstellung von Vermögensverzeichnissen (Inventaren) und Vormundschaftsrechnungen.

Von

E. Christiani,

Amtsgerichtsrath in Osterode a/H.

Dritte, umgearbeitete Auflage.

Berlin.

Verlag von J. Guttentag

(D. Collin)

1890.

Vorwort.

Die vorliegende Schrift erscheint zum dritten Male in mannigfach veränderter Gestalt. Sie will ein Leitfaden sein für alle diejenigen, welche, als Vormund oder sonstwie zur Mitwirkung bei einer Vormundschaft oder Pflegschaft berufen, über das, was sie nunmehr zu thun und zu lassen haben, gemeinverständliche Belehrung suchen.

Aus dem Gesetz selbst sich zu unterrichten, kann dem Laien nicht wohl zugemuthet werden. Auch wer den ehrlichen Willen hat, aus der Vormundschaftsordnung und den sonst auf das Vormundschaftswesen bezüglichen gesetzlichen Bestimmungen direkt sich Raths zu erholen, wird doch das Gesetzblatt bald enttäuscht zur Seite legen. Gesetze, deren Aufbau und Sprache den Juristen befriedigen und die doch andererseits auch von Laien ohne Mühe verstanden werden, gehören in das Gebiet der frommen Wünsche. Hier ist es Sache der privaten Arbeit, in die Lücke zu treten und zu versuchen, dem Inhalte der Gesetze eine mehr dem Sprachgebrauche des gewöhnlichen Lebens und dem Gedankenkreise des einfachen Mannes angepaßte Darstellung zu geben, welche geeignet ist, jene dem allgemeinen Verständniß näher zu bringen.

Der Verfasser darf vielleicht hoffen, mit seiner Arbeit in der jetzt vorliegenden Gestalt auf dem Wege zu dem gesteckten Ziele einen Schritt weiter gekommen zu sein. Möchte das Buch vielen Vormündern lästige Wege zum Gericht und den Vormundschaftsrichtern manche unnütze Weiterung ersparen.

Osterode a/H., im Mai 1890.

Der Verfasser.

Inhaltsübersicht.

Vierter Abschnitt.

Der Waisenrath.

Fünfter Abschnitt.

Familienrath.

Sechster Abschnitt.

Beendigung der Vormundschaft.

Siebenter Abschnitt.

Von der Pflegschaft.

Achter Abschnitt.

Kosten.

Einleitung.

§ 1. Arten der Vormundschaft (Pflegschaft).

Für Personen, welche sich selbst nicht gehörig vertreten können, wird vom Staate ein **Vormund** oder unter Umständen ein **Pfleger** bestellt. Gründe für die Anordnung einer Vormundschaft sind:

1. **Minderjährigkeit** d. h. das Alter bis zur Vollendung des 21. Lebensjahres. Der Minderjährige kann für sich allein im Allgemeinen wirksame Rechtsgeschäfte nicht abschließen; auch bedarf er meist noch der Fürsorge für seine Person, insbesondere für seine Erziehung. Die staatliche Vormundschaft tritt ein, wenn der Minderjährige der **väterlichen** Vertretung und Fürsorge entbehrt, vor Allem also beim Tode des Vaters; doch können auch bei Lebzeiten des letzteren besondere Umstände (Geisteskrankheit, Verschwendungserklärung gegen den Vater rc.) eine Bevormundung der Kinder nöthig machen. In einigen Ausnahmsfällen wird übrigens der Vater selbst Vormund (s. § 7 Nr. 1).

2. Auch **Großjährige** (über 21 Jahre alt) bedürfen unter Umständen eines Vormundes. Dieser Fall tritt ein, wenn ein Großjähriger auf Grund besonderen gerichtlichen

Verfahrens (Entmündigungsverfahrens) wegen Geisteskrankheit oder wegen Verschwendung entmündigt und ihm damit die Fähigkeit, sein Vermögen selbst zu verwalten, abgesprochen ist; ferner, wenn ein Großjähriger durch Taubheit, Stummheit oder Blindheit an der Besorgung seiner Rechtsangelegenheiten gehindert wird, in welchem Falle das Vormundschaftsgericht auf Antrag diesen Grund zur Bevormundung ausdrücklich festzustellen hat; endlich wegen Abwesenheit des Großjährigen. In letzterer Beziehung gilt folgendes Nähere: Ueber Abwesende wird eine Vormundschaft angeordnet, wenn entweder über ihren Aufenthalt ein Jahr lang keine Nachricht eingegangen ist oder wenn sie an ihrer Rückkehr sowie an der Besorgung ihrer Vermögensangelegenheiten gehindert sind. Die Anordnung der Vormundschaft setzt jedoch voraus, daß der Abwesende einen Bevollmächtigten zur Besorgung seiner Angelegenheiten nicht bestellt hat oder daß Umstände eingetreten sind, welche die etwa ertheilte Vollmacht aufheben oder die Annahme begründen, daß der Abwesende, wenn er Kenntniß davon hätte, die ertheilte Vollmacht widerrufen würde (z. B. der Bevollmächtigte wird wegen Betruges verurtheilt oder dergl.). Kann Jemand, obwohl abwesend, doch von seinem bekannten Aufenthaltsorte aus seine Geschäfte in der Heimath besorgen oder einen Vertreter dort bestellen, oder steht seiner Rückkehr ein Hinderniß nicht entgegen, so wird eine Vormundschaft nicht angeordnet; der Staat hat keine Veranlassung, den etwaigen Folgen seiner Nachlässigkeit durch Bestellung eines Vormundes vorzubeugen. Aus dringenden Gründen kann aber für Jemand, dessen

Aufenthaltsort unbekannt ist, auf Antrag Interessirter auch vor Ablauf eines Jahres ein Vormund bestellt werden.

3. Außer der Vormundschaft kennt das Gesetz noch eine **Pflegschaft.** Der Pfleger hat im Allgemeinen dieselbe Stellung wie ein Vormund. Das Nähere darüber in den §§ 43 und 44.

§ 2. Die bei einer Vormundschaft (Pflegschaft) thätigen Personen.

Die Fürsorge für den Bevormundeten (Mündel) und dessen Vermögensangelegenheiten liegt dem **Vormunde** (**Pfleger**) ob; es werden jedoch theils zu seiner Unterstützung theils zu seiner Beaufsichtigung noch andere Personen thätig, nämlich:

der **Gegenvormund** (§ 32), welcher den Vormund (Pfleger) in der Vermögensverwaltung zu unterstützen und zu beaufsichtigen hat;

der **Waisenrath** (§ 34), welcher die Vormünder (Pfleger) dem Gerichte vorzuschlagen und dieselben in der Fürsorge für die Person des Mündels zu beaufsichtigen hat;

der **Familienrath** (§ 36), welcher nur in einzelnen Fällen bestellt wird und die Vormundschaftsführung beaufsichtigt;

das **Vormundschaftsgericht** (Amtsgericht), welches die Vormundschaft (Pflegschaft) nur leitet und die Oberaufsicht über alle bei der Vormundschaft thätigen Personen führt.

Erster Abschnitt.

Beginn und Aufhören des Vormundsamts.

§ 3. Die Bestellung zum Vormunde.

Wenn durch den Tod des Vaters oder aus sonstigen Gründen die Einleitung einer Vormundschaft nöthig wird, so sind die Mutter, die Stiefmutter und die großjährigen Geschwister der zu Bevormundenden verpflichtet, dem Amtsgericht, in dessen Bezirk der Vater seinen letzten Wohnsitz (Aufenthalt) gehabt hat, unverzüglich Anzeige zu machen. Eine gleiche Pflicht zur Anzeige haben die Standesbeamten, wenn ihnen ein Geburts- oder Sterbefall, welcher die Einleitung einer Vormundschaft nöthig macht, oder die Geburt eines unehelichen Kindes angemeldet wird.

Das Gericht hat nunmehr, vorausgesetzt, daß ein gesetzlicher Vormund nicht vorhanden ist (s. darüber § 7), für die Bestellung eines Vormundes zu sorgen und wird dabei durch den Waisenrath (§ 35) unterstützt. Es hat bei der Auswahl des Vormundes, wenn nicht eine der im § 6 bezeichneten Personen zu nehmen ist, freie Hand; jedoch soll es zunächst die Verwandten und Verschwägerten des Mündels heranziehen, auch auf das religiöse Bekenntniß thunliche Rücksicht nehmen. Für einen Mündel sowie für mehrere Geschwister wird in der Regel nur ein Vormund bestellt.

Der zum Vormunde Ausersehene wird zur Verpflichtung vor das Amtsgericht geladen und, sofern sich nicht ausweist, daß er zur Uebernahme des Amtes gesetzlich unfähig ist (§ 4) oder einen gesetzlichen Ablehnungsgrund hat (§ 5), mittels Handschlages an Eidesstätt auf treue und gewissenhafte Führung der Vormundschaft verpflichtet. Ueber den Fall, wo Jemand auch ohne gerichtliche Bestellung Vormund sein kann, (sg. gesetzliche Vormundschaft) s. § 7. Der gerichtlich bestellte Vormund erhält eine Bescheinigung, sg. **Bestallung**, aus welcher die Namen und die Geburtstage der Mündel, die Namen des Vormundes oder der mehreren Vormünder, sowie des etwa bestellten Gegenvormundes oder Familienraths ersichtlich sein müssen. Ist die Vermögensverwaltung unter mehrere Vormünder getheilt (§ 9), so muß auch dieses aus der Bestallung hervorgehen. Die Bestallung ist sorgfältig aufzubewahren, da sie zur Legitimation des Vormundes dient, auch bei Beendigung der Vormundschaft zurückgegeben werden muß.

§ 4. Unfähigkeit zur Führung einer Vormundschaft.

Unfähig zur Führung einer Vormundschaft (Gegenvormundschaft, Pflegschaft) sind:

1. die, welche selbst unter Vormundschaft stehen;
2. Minderjährige (s. § 1);
3. Handlungsunfähige (z. B. Geisteskranke);
4. wem durch ein Strafurtheil die bürgerlichen Ehrenrechte aberkannt sind;
5. wer sich im Konkurse befindet, so lange derselbe dauert;

6. solche, welche offenkundig einen unsittlichen Lebenswandel führen;

7. wer vom Vater oder der Mutter des Mündels vom Vormundsamte ausgeschlossen ist (s. darüber § 25);

8. weibliche Personen, jedoch mit folgenden Ausnahmen: Die Mutter und die Großmutter können die Vormundschaft über ihre ehelichen oder unehelichen oder angenommenen Kinder resp. Großkinder übernehmen, vorausgesetzt, daß sie nicht bei einer etwaigen Ehescheidung für den schuldigen Theil erklärt sind. Die Mutter hat sogar regelmäßig ein Recht auf die Vormundschaft (s. § 6). Auch können vom Vater oder der Mutter des Mündels weibliche Personen zu Vormünderinnen ernannt werden (§ 25). Endlich kann auch einer Ehefrau eintretendenfalls die Vormundschaft über ihren großjährigen Ehemann übertragen werden. Ueber das Erforderniß der Einwilligung des Ehemannes zur Bestellung seiner Frau als Vormünderin s. übrigens § 26 Nr. 5

9. wer ein Staatsamt oder ein besoldetes Kommunal- oder Kirchenamt bekleidet, bedarf zur Uebernahme einer ihm vom Gerichte zu übertragenden Vormundschaft der von ihm einzuholenden Genehmigung seiner vorgesetzten Behörde. Dies gilt auch von den Militärpersonen des Friedensstandes und den Civilbeamten der Militärverwaltung (welche überdies ein Ablehnungsrecht haben, § 5).

Wer zur Vormundschaft unfähig ist, wird nicht zum Vormunde bestellt. Sollte dies aber doch irrthümlicherweise geschehen sein oder sollte der bestellte Vormund später unfähig werden, so muß er das Gericht auf seine Unfähigkeit aufmerksam machen, im Uebrigen aber sein Amt so lange weiterführen, bis er ordnungsmäßig entlassen ist.

§ 5. Ablehnung einer Vormundschaft.

Jeder preußische Staatsangehörige ist verpflichtet, das ihm angetragene Vormundsamt, wenn er nicht zur Vormundschaft unfähig ist (vor. §), zu übernehmen. Es sind jedoch ausnahmsweise berechtigt, die Vormundschaft abzulehnen:

1. weibliche Personen;
2. solche, welche das 60. Lebensjahr überschritten haben;
3. wer bereits zwei Vormundschaften oder Pflegschaften (nicht auch Gegenvormundschaften) hat;
4. wer an einer Krankheit leidet, welche ihn an der ordnungsmäßigen Führung der Vormundschaft hindert;
5. wer nicht im Bezirke des Vormundschaftsgerichts wohnt;
6. wer für seine Vormundschaftsführung eine Sicherheit bestellen soll (§ 29);
7. wer fünf eheliche, noch minderjährige (§ 1) Kinder hat;
8. Militärpersonen des Friedensstandes und Civilbeamte der Militärverwaltung (vergl. auch § 4 Nr. 9).

Abgesehen von den Militärbeamten haben Beamte kein Recht, eine Vormundschaft abzulehnen. Da jedoch zur Uebernahme der Vormundschaft die Genehmigung der vorgesetzten Behörde erforderlich ist (§ 4 Nr. 9), so liegt es in der Hand dieser letzteren, aus dienstlichen Gründen durch Versagung der Genehmigung den Beamten von der Vormundschaft zu befreien.

Wer einen Grund zur Ablehnung der Vormundschaft hat, muß denselben vor der Verpflichtung geltend machen, widrigenfalls er des Ablehnungsrechts verlustig geht.

Weigert sich der zum Vormunde Berufene ohne gesetzlichen Grund, die Vormundschaft zu übernehmen, so kann er vom Gericht durch Ordnungsstrafen, deren jede den Betrag von 300 M. erreichen kann, zur Uebernahme der Vormundschaft angehalten werden. Die Strafe kann nach Ablauf einer Woche wiederholt oder erhöht werden. Ist dreimal eine Strafe ohne Erfolg verhängt worden, so soll das Gericht (in dieser Vormundschaftssache) weiteren Zwang nicht anwenden. Glaubt Jemand zur Uebernahme einer Vormundschaft nicht verpflichtet zu sein, weil nach seiner Meinung andere Personen zunächst bestellt werden müßten, so steht ihm frei, solches geltend zu machen. Gegen die ihm ungünstige Entscheidung des Gerichts steht ihm die Beschwerde an das Landgericht zu.

§ 6. Recht auf Uebertragung einer Vormundschaft.

Gewisse Personen sollen bei der Bestellung eines Vormundes vorzugsweise berücksichtigt und nur aus besonderen Gründen übergangen werden. Diese Personen haben also ein Recht auf die Bestellung zum Vormunde und können dieses nöthigenfalls durch eine Beschwerde gegen das Gericht geltend machen. Es sind dies:

1. Derjenige, welcher den Mündel an Kindesstatt angenommen (adoptirt), damit aber nicht zugleich die väterliche Gewalt über denselben erlangt hat. Tritt hier durch den Tod des Vaters oder aus sonstigem Grunde die

Nothwendigkeit einer Vormundschaft ein, so ist der Adoptivvater der zunächst zum Vormunde Berufene.

2. Hiervon abgesehen hat vor allen Anderen derjenige oder diejenige ein Recht auf Uebertragung der Vormundschaft, welcher (welche) vom Vater des Mündels in ordnungsmäßiger Weise zum Vormunde bestimmt ist (s. darüber das Nähere im § 25).

3. Treten die vorstehenden Fälle nicht ein, so ist, wenn die Mutter des Mündels lebt, diese als Vormünderin ihrer ehelichen, nicht an Kindesstatt hingegebenen, Kinder zu bestellen. Ein Recht auf die Vormundschaft über ihre unehelichen sowie über ihre angenommenen Kinder hat die Mutter nicht; sie kann jedoch zur Vormünderin bestellt werden. Die Mutter wird übrigens nicht zur Vormundschaft berufen, wenn sie zu einer zweiten Ehe (mit einem Anderen, als dem Vater des Mündels) geschritten oder wenn sie durch Urtheil von ihrem Ehemanne, dem Vater des Mündels, geschieden ist, d. h. sie hat unter diesen Umständen kein Recht darauf, zur Vormünderin bestellt zu werden; sie kann aber Vormünderin werden, wenn das Gericht dies für unbedenklich erachtet, wie es auch von dem Ermessen des Gerichts abhängt, ob die Mutter, wenn sie zur zweiten Ehe schreitet, aus der bereits von ihr geführten Vormundschaft zu entlassen ist; vergl. § 26 Nr. 5. Uebrigens hat die Mutter, wie wir im § 5 Nr. 1 sahen, das Recht, die Uebernahme der Vormundschaft abzulehnen, von welchem Rechte sie im wohlverstandenen Interesse ihrer Kinder dann Gebrauch machen wird, wenn sie sich zur Uebernahme der Vormundschaft, insbesondere der etwa damit verbundenen Vermögensverwaltung nicht befähigt fühlt.

Will sie nicht gänzlich von der vormundschaftlichen Verwaltung sich ausgeschlossen sehen, so kann sie darauf antragen, als Gegenvormünderin neben dem Vormunde bestellt zu werden (s. §§ 32, 33). Schließlich ist noch zu bemerken, daß die Mutter dann nicht zur Vormünderin oder Gegenvormünderin bestellt werden darf, wenn der Vater auf rechtsgültige Weise (§ 25) sie von diesen Aemtern ausgeschlossen hat.

4. Hatte die Mutter bis zu ihrem Tode die Vormundschaft über ihr Kind geführt und auf die im § 25 bezeichnete Weise Jemanden zum Vormunde ernannt, so ist dieser (diese) zum Vormunde zu bestellen.

5. Endlich soll, wenn aus den vorstehend bezeichneten Personen ein Vormund nicht genommen werden kann, der Großvater väterlicherseits, und nach diesem

6. der Großvater mütterlicherseits zum Vormunde bestellt werden.

Die vorstehenden Bestimmungen (Nr. 1—6) erleiden aber, wenn es sich um die Bestellung eines Vormundes für eine Ehefrau handelt, insofern eine Ausnahme, als hier vor allen Anderen der Ehemann zum Vormunde bestellt werden darf. Ein Recht auf die Bestellung zum Vormunde hat aber seinerseits der Ehemann nicht.

Wird den vorstehenden Bestimmungen zuwider eine andere Person zum Vormunde bestellt, so hat der Uebergangene binnen 4 Wochen nach erhaltener Kenntniß von der Bestellung des anderen Vormundes Beschwerde gegen das Gericht zu erheben, widrigenfalls sein Widerspruchsrecht verloren geht.

Das Gericht ist übrigens nicht unbedingt zur Bestellung

der vorgedachten Personen zu Vormündern verpflichtet. Wenn besondere Umstände eintreten, welche die Bestellung eines zunächst Berufenen als nachtheilig für den Mündel erscheinen lassen, so kann das Gericht denselben übergehen.

§ 7. Gesetzliche Vormundschaft.

Gewisse Personen werden unter bestimmten Voraussetzungen von selbst Vormünder, ohne daß eine gerichtliche Bestellung und Verpflichtung stattfindet. Es sind dies die sg. gesetzlichen Vormünder. Die gesetzliche Vormundschaft tritt in folgenden Fällen ein:

1. Der Vater ist gesetzlicher Vormund

a. über sein minderjähriges Kind, wenn dieses aus seiner väterlichen Gewalt ausgetreten ist, ohne die Rechte der Großjährigkeit (vergl. § 41) erreicht zu haben. Dies tritt nach den in einzelnen Landestheilen geltenden Rechten ein, wenn das Kind sich verheirathet oder wenn es für sich eine getrennte Haushaltung anlegt oder auch wenn der Vater es freiwillig aus der Gewalt entläßt;

b. über sein großjähriges Kind, wenn eine Vormundschaft für dieses erforderlich wird (s. § 1 unter Nr. 2). Im Falle eingetretener Geisteskrankheit des Kindes wird der Vater sofort sich der Angelegenheiten desselben anzunehmen haben, wenn auch die formelle gerichtliche Feststellung der Krankheit erst später erfolgt. In den übrigen Fällen beginnt sein Amt als Vormund, sobald das Gericht die Veranlassung zur Vormundschaft (z. B. Abwesenheit, Taubheit 2c.) festgestellt hat oder das Kind gerichtlich zum Verschwender erklärt ist, worüber ihm Nachricht zugeht.

Es folgt aus dem Vorstehenden, daß der Vater stets (sofern nicht besondere Unfähigkeitsgründe vorliegen; s. weiter unten) der gesetzliche Vertreter seines aus irgend welchem Grunde vertretungsbedürftigen Kindes ist.

2. Ueber ein unehelich geborenes Kind ist und bleibt dessen mütterlicher Großvater so lange gesetzlicher Vormund, als nicht das Gericht einen anderen Vormund bestellt, wozu es allerdings nach seinem Ermessen befugt ist. Mit dem Augenblicke der Bestellung eines anderen Vormundes durch das Gericht hört daher die gesetzliche Vormundschaft des Großvaters auf Stirbt der Großvater, so wird die Bestellung eines anderen Vormundes erforderlich und haben zu diesem Behufe die Angehörigen oder der Standesbeamte dem Gerichte Anzeige zu machen.

3. Wenn ein Mündel in eine unter Verwaltung des Staates oder einer Gemeindebehörde stehende Verpflegungsanstalt aufgenommen ist, so hat bis zu dessen Großjährigkeit der Vorstand der Anstalt die Rechte und Pflichten eines gesetzlichen Vormundes, so lange das Vormundschaftsgericht nicht einen anderen Vormund bestellt. Stand der Mündel zur Zeit der Aufnahme in die Anstalt schon unter Vormundschaft, so erlischt das Amt des bisherigen Vormundes.

4. Im Bezirke des vormaligen Appellationsgerichtshofes zu Cöln hat der Vater nach dem Tode der Mutter die Rechte und Pflichten des gesetzlichen Vormundes. Schreitet der Vater zur ferneren Ehe, so ist das Vermögen des Kindes unter Mitwirkung eines Pflegers durch

ein vom Vater dem Vormundschaftsgerichte einzureichendes Verzeichniß festzustellen.

5. Weitere Fälle der gesetzlichen Vormundschaft, als die vorstehend bezeichneten, giebt es nicht. Der gesetzliche Vormund tritt, sobald der Bevormundungsfall vorliegt, ohne Weiteres in die Rechte und Pflichten des Vormundes ein, ohne daß es einer gerichtlichen Bestellung bedarf. Auch ist für Beamte und Militärs (§ 4 Nr. 9) die Genehmigung der vorgesetzten Behörde zur Führung des Amtes eines gesetzlichen Vormundes nicht erforderlich. Von einer Ablehnung der gesetzlichen Vormundschaft kann daher nicht die Rede sein; es kann jedoch derjenige, welcher gesetzlicher Vormund geworden ist, aus erheblichen Gründen seine Entlassung beim Gerichte beantragen; s. darüber das im § 8 Gesagte.

Die gesetzliche Vormundschaft tritt übrigens nicht ein und es muß ein Vormund vom Gerichte bestellt werden, wenn der zur gesetzlichen Vormundschaft Berufene selbst unter Vormundschaft steht oder handlungsunfähig ist oder nicht im Besitze der bürgerlichen Ehrenrechte sich befindet. Stehen andere Unfähigkeitsgründe (§ 4) dem gesetzlichen Vormunde entgegen, so hat er einstweilen sein Amt zu führen, bis er vom Gerichte entlassen ist.

Die Stellung des gesetzlichen Vormundes ist dieselbe, wie die des gerichtlich bestellten Vormundes; er hat also insbesondere beim Beginn der Vormundschaft oder wenn später dem Mündel Vermögen anfällt, dem Gerichte ein vollständiges Vermögensverzeichniß (§ 16) einzureichen. Auch bedarf er in den gesetzlich bestimmten Fällen (§ 15 B) zu den von ihm vorzunehmenden Rechtsgeschäften der Genehmigung des Vormundschaftsgerichts, welches, ehe es die Genehmigung ertheilt, zunächst einen Gegenvormund bestellt und diesen über die Sache hört. Im Uebrigen wird dem gesetzlichen Vormunde ein Gegenvormund nicht beigeordnet. Ist der gesetzliche Vormund der Vater oder der Großvater des Mündels, so genießt er übrigens als solcher die ihm nach dem Gesetze zustehenden besonderen Befreiungen; s. darüber § 26. Das Amt des gesetzlichen Vormundes hört aus denselben Gründen auf, wie das Amt des vom Gericht bestellten Vormundes (§ 8).

§ 8. Das Aufhören des Vormundsamtes.

Das Amt des Vormundes hört auf mit der Beendigung der Vormundschaft selbst (§§ 40—42). Abgesehen hiervon hört es von selbst auf, sobald der Vormund rechtlich handlungsunfähig (z. B. geisteskrank) wird. Stellt sich heraus, daß der Vormund sonst gesetzlich unfähig zur Führung der Vormundschaft ist (vergl. § 4), so muß er vom Gerichte entlassen werden und hat eintretendenfalls dies selbst zu beantragen. Dies gilt auch für den Fall, wenn der Vormund die erforderliche Genehmigung der Oberbehörde (§ 4 Nr. 9) nicht erhalten hat oder wenn ihm dieselbe nachträglich entzogen wird.

Der Vormund kann auch sonst aus erheblichen Gründen seine Entlassung beantragen; als solche sind gesetzlich namentlich die im § 5 unter 4—7 bezeichneten Umstände anzusehen, wenn diese erst im Laufe der Vormundschaft eingetreten sind. Im Uebrigen hat das Gericht über die Erheblichkeit nach billigem Ermessen zu entscheiden.

Erweist sich der Vormund pflichtwidrig, so ist er vom Gericht seines Amtes zu entsetzen. Eine Beschwerde gegen eine erfolgte Entsetzung oder Entlassung ist nur bis zum Ablauf von vier Wochen nach Zustellung der Entscheidung zulässig.

Eine Beendigung des Vormundsamtes kann endlich auch dadurch herbeigeführt werden, daß das Gericht aus erheblichen Gründen (z. B. wegen Veränderung des Wohnorts der Mündel) die Vormundschaft an ein anderes Gericht abgiebt, was übrigens nur mit Zustimmung des Vormundes geschehen kann. Die Abgabe hat nicht von selbst die Entlassung des bisherigen Vormundes zur Folge; derselbe kann solche aber verlangen. Die bloße Veränderung des Wohnorts oder des Aufenthalts der Mündel allein berechtigt den Vormund zu diesem Verlangen nicht; das Vormundschaftsgericht kann aber nach Lage der Umstände den Vormund entlassen.

Stirbt der Vormund, so sind, außer dem etwaigen Gegenvormund, die Erben des Vormundes verpflichtet, dem Vormundschaftsgericht Anzeige zu machen. Die Erben haben für die Sicherstellung der in dem Nachlasse etwa befindlichen Vermögensstücke des Mündels zu sorgen.

Beim Aufhören des Vormundsamts ist die Bestallung an das Gericht zurückzugeben.

Zweiter Abschnitt.

Rechte und Pflichten des Vormundes.

§ 9. I. Im Allgemeinen.

Dem Vormunde liegt die Sorge für die Person und die Vermögensangelegenheiten des Mündels und die erforderliche Vertretung desselben ob. Der Vormund soll an dem Mündel Vaterstelle vertreten. Er ist daher verpflichtet, das Interesse des Mündels in allen Beziehungen nach Kräften wahrzunehmen. Er muß bei den vormundschaftlichen Geschäften diejenige Sorgfalt anwenden, welche ein ordentlicher Hausvater auf seine eigenen Angelegenheiten verwendet.

Das Gesagte gilt auch von dem Vormunde eines Großjährigen. Doch hat der Vormund, wenn die Vormundschaft lediglich wegen Abwesenheit des Großjährigen angeordnet ist (§ 1), sich auf die Verwaltung des Vermögens des Abwesenden und dessen Vertretung in vermögensrechtlicher Beziehung zu beschränken; zu einer Fürsorge für die Person des Mündels ist er nicht verpflichtet. Auch bei dem Vormunde eines Verschwenders tritt die Fürsorge für die Person in den Hintergrund.

Das Vormundschaftsgericht (Amtsgericht), an dessen Stelle, wenn ein Familienrath bestellt ist, dieser tritt, führt die Aufsicht über die gesammte Thätigkeit des Vormundes und ist befugt, über denselben wegen seiner Amtsführung Ordnungsstrafen, deren Betrag 300 M. im Einzelnen nicht übersteigen darf, zu verhängen. Gegen die Anordnungen des Gerichts steht dem Vormunde die Beschwerde zu, welche an das vorgesetzte Landgericht zu richten ist. Die Beschwerde kann beim Amtsgericht oder beim Landgericht eingelegt werden.

Mehrere Vormünder verwalten gemeinschaftlich. Es darf daher keiner der Vormünder Verfügungen treffen ohne die Zustimmung des oder der Mitvormünder. Können sie sich nicht einigen, so entscheidet, wenn mehr als zwei Vormünder da sind, die Mehrheit, andernfalls das Gericht. Ist jedoch seitens des Gerichts die Verwaltung unter die mehreren Vormünder ausdrücklich getheilt worden, so verwaltet jeder die ihm zugetheilten Geschäfte selbständig. Eine solche Bestimmung über die Theilung der Geschäfte kann auch von demjenigen getroffen werden, welcher berechtigt ist, einen Vormund zu ernennen (vgl. § 25). Der Gegenvormund nimmt als solcher an der Verwaltung selbst (abgesehen von seiner erforderlichen Zustimmung zu einigen bestimmten Geschäften, vgl. § 15 A) keinen Theil; er hat nur die Aufsicht über die Vermögensverwaltung des Vormundes zu führen.

II. Fürsorge für die Person des Mündels.

§ 10. Die Erziehung des Mündels.

Der Hauptheil der Fürsorge für die Person des minderjährigen Mündels, die Erziehung desselben, steht gesetzlich der Mutter, auch der unehelichen, zu; jedoch hat der Vormund die Erziehung zu beaufsichtigen und etwaige Mängel derselben dem Vormundschaftsgerichte, welchem die

Oberaufsicht gebührt, anzuzeigen. Dieselbe Verpflichtung hat der Waisenrath (§ 35), welcher befugt ist, sich wegen der die Erziehung des Mündels betreffenden Angelegenheiten von der Mutter oder dem Vormunde Auskunft zu erbitten. Dagegen hat der Gegenvormund mit der Erziehung sich nicht zu befassen.

Das Erziehungsrecht kann der Mutter aus erheblichen Gründen, nach Anhörung des Vormundes und des Waisenraths, durch das Vormundschaftsgericht entzogen werden und geht in solchem Falle, wenn nicht andere Bestimmung getroffen wird, auf den oder die Vormünder oder einen neben der Mutter zu bestellenden Pfleger über. Durch Wiederverheirathung verliert die Mutter das Erziehungsrecht nicht. Lebt die Mutter nicht mehr, so liegt die Erziehung dem Vormunde allein ob.

Bei der Erziehung sind die in den verschiedenen Landestheilen bestehenden Vorschriften über die religiöse Erziehung der Kinder zu berücksichtigen. Nach dem Allgem. Landrecht ist der (die) Mündel bis zum 14. Lebensjahre (von welchem Zeitpunkte an er (sie) sich selbst zu entscheiden hat) in derjenigen Religion, welcher der Vater angehörte, zu erziehen, falls dieser nicht eine entgegengesetzte Absicht durch Handlungen an den Tag gelegt hat. Uneheliche Kinder werden in dem Bekenntniß der Mutter erzogen. Nach der Hannoverschen Verordn. v. 31. Juli 1826 gilt für eheliche Kinder im Allgemeinen dasselbe; der (die) Mündel darf nur dann in einer anderen Religion als der des Vaters, erzogen werden, wenn der Vater dem bereits schulpflichtigen Kinde bis an seinen Tod den Hauptunterricht in der Religion mit Inbegriff der unterscheidenden

Glaubenslehren immer nur durch Geistliche der anderen Kirche hat ertheilen lassen oder wenn er bei seinem zuständigen persönlichen Gerichte zu Protokoll erklärt hat, daß er seine Kinder in der Religion der Mutter erzogen wissen wolle. Uneheliche Kinder sind regelmäßig in der Religion der Mutter zu erziehen.

Die Erziehung ist den Standes- und Vermögensverhältnissen des Mündels entsprechend zu leiten. Einer gerichtlichen Genehmigung bedarf es zur Bestimmung des Lebensberufes nicht. Die Erziehungskosten sind aus den Einkünften zu bestreiten; nöthigenfalls kann das Stammvermögen angegriffen werden. Aus eigenen Mitteln braucht der Vormund nichts aufzuwenden. Wenn Vermögen und alimentationspflichtige Angehörige nicht vorhanden, ist die öffentliche Unterstützung seitens des betreffenden Armenverbandes in Anspruch zu nehmen.

§ 11. Eheschließung des Mündels.

1. Minderjährige (s. § 1) eheliche Kinder bedürfen, wenn der Vater gestorben oder zur Abgabe einer Erklärung dauernd außer Stande oder wenn sein Aufenthalt dauernd unbekannt ist, zur Eheschließung der Einwilligung der Mutter und des Vormundes oder, wenn auch die Mutter gestorben oder zur Abgabe einer Erklärung dauernd außer Stande oder ihr Aufenthalt dauernd unbekannt ist, der Einwilligung des Vormundes allein. Die Einwilligung des Gegenvormundes ist nicht erforderlich, da dieser nur mit der Vermögensverwaltung zu thun hat. Uneheliche minderjährige Kinder bedürfen in gleicher Weise der Einwilligung der Mutter und des

Vormundes bezw. des letzteren allein (nicht auch der des etwa bekannten Vaters). In den Gebieten des Allgem. Landrechts und des Rheinischen Rechts ist außerdem[1]) die Genehmigung des Vormundschaftsgerichts erforderlich. Großjährige Bevormundete bedürfen zur Eheschließung einer Einwilligung des Vormundes nicht.

Die Einwilligung darf nur aus erheblichen Gründen versagt werden. Zwar hat der minderjährige Mündel nicht das Recht, gegen den Vormund auf Ertheilung der Einwilligung zu klagen; doch wird auf desfallsigen Antrag das Vormundschaftsgericht den Vormund zur Erfüllung seiner Pflicht anhalten und den etwaigen Widerstand eines pflichtwidrigen Vormundes nöthigenfalls durch Entfernung desselben brechen.

Bei der Verheirathung des Mündels (der Mündel) wird der Vormund zweckmäßig für Errichtung einer ordentlichen Ehestiftung (Ehepakten), wenn eine solche den Umständen nach angemessen erscheint, Sorge tragen. Natürlich darf der Vormund der sich verheirathenden Mündel auch eine standesgemäße Aussteuer aus deren Vermögen mitgeben.

2. Die Eheschließung des minderjährigen oder großjährigen Mündels mit dem Vormunde oder dessen Kindern ist während der Dauer der Vormundschaft gesetzlich unzulässig (Reichscivilehegesetz § 37). Auf den

[1]) Nach Dernburg Vormundschaftsrecht, § 64, ist im Gebiete des Rheinischen Rechts zur Eheschließung nur die Einwilligung des Vormundschaftsgerichts, nicht die des Vormundes, erforderlich. Das Gesetz (Reichscivilehegesetz v. 6. Februar 1875 § 29) ist in dieser Beziehung nicht völlig klar.

Gegenvormund und auf den Pfleger wird man diese Bestimmung nicht beziehen dürfen. Es ist übrigens damit nicht gesagt, daß eine Ehe mit dem Vormunde oder dessen Kinde vor erreichter Selbständigkeit des Mündels nicht stattfinden könne; sie kann dadurch ermöglicht werden, daß der Vormund zu solchem Zwecke aus dem Amte entlassen wird.

§ 12. Vertretung des Mündels im Strafverfahren. — Stammrolle. — Impfung.

1. Der Vormund hat als gesetzlicher Vertreter des minderjährigen sowie des geisteskranken und des taubstummen Mündels unabhängig von dem Willen dieses letzteren das Recht, einen **Strafantrag** auf Verfolgung der nur auf Antrag strafbaren, gegen den Mündel verübten Handlungen zu stellen. Es wird hier besonders auf die, die Erschleichung von Schuldscheinen, Wechseln, Ehrenscheinen 2c. von Minderjährigen mit Strafe bedrohenden §§ 301, 302 des Strafges.Buchs hingewiesen.[2])

---

[2]) Diese zum Schutze des unerfahrenen Minderjährigen nothwendigen Strafbestimmungen sind wohl noch nicht genügend bekannt und werden deshalb nachstehend wörtlich mitgetheilt:

§. 301. Wer in gewinnsüchtiger Absicht und unter Benutzung des Leichtsinns oder der Unerfahrenheit eines Minderjährigen sich von demselben Schuldscheine, Wechsel, Empfangsbekenntnisse, Bürgschaftsinstrumente oder eine andere, eine Verpflichtung enthaltende Urkunde ausstellen oder auch nur mündlich ein Zahlungsversprechen ertheilen läßt, wird mit Gefängniß bis zu sechs Monaten oder mit Geldstrafe bis zu fünfhundert Thalern bestraft.

Der Strafantrag kann bei dem Amtsgerichte, bei der Staatsanwaltschaft oder bei der Polizei gestellt werden.

Der Vormund hat ferner das Recht, wegen einer dem Mündel zugefügten Beleidigung oder Körperverletzung (Mißhandlung), wenn die Staatsanwaltschaft die Erhebung der öffentlichen Klage ablehnt, geeignetenfalls eine **Privatklage** gegen den Thäter zu erheben, und zwar sowohl auf Grund eigenen Rechts (also auch gegen den Willen des Mündels) als in Vertretung des Mündels, da dieser selbst keine Privatklage erheben kann.

Ist der Mündel wegen einer strafbaren Handlung angeklagt, so darf der Vormund in der Hauptverhandlung vor dem erkennenden Gericht als **Beistand** des Mündels auftreten; auch hat er das Recht, wenn der Mündel verurtheilt ist, selbständig von den gesetzlich zulässigen

---

Die Verfolgung tritt nur auf Antrag ein.

§. 302. Wer in gewinnsüchtiger Absicht und unter Benutzung des Leichtsinns oder der Unerfahrenheit eines Minderjährigen sich von demselben unter Verpfändung der Ehre, auf Ehrenwort, eidlich oder unter ähnlichen Versicherungen oder Betheuerungen die Zahlung einer Geldsumme oder die Erfüllung einer anderen, auf Gewährung geldwerther Sachen gerichteten Verpflichtung aus einem Rechtsgeschäfte versprechen läßt, wird mit Gefängniß bis zu Einem Jahre, oder mit Geldstrafe bis zu Eintausend Thalern bestraft. Neben der Gefängnißstrafe kann auf Verlust der bürgerlichen Ehrenrechte erkannt werden.

Dieselbe Strafe trifft denjenigen, welcher sich eine Forderung, von der er weiß, daß deren Berichtigung ein Minderjähriger in der vorbezeichneten Weise versprochen hat, abtreten läßt.

Die Verfolgung tritt nur auf Antrag ein.

Rechtsmitteln (Berufung, Revision 2c.) zu Gunsten des Mündels Gebrauch zu machen.

1. Der Vormund hat, wenn der Mündel innerhalb der Zeit vom 15. Januar bis 1. Februar desjenigen Jahres, in welchem er das zwanzigste Lebensjahr vollendet, von seinem dauernden Aufenthaltsorte (wo er z. B. als Arbeiter, Handwerker, Lehrling, Schüler, Student 2c. sich aufhält) zeitweilig abwesend ist, ihn zur **Stammrolle** bei der Ortsbehörde dieses Ortes anzumelden. Ist der Mündel daselbst anwesend, so hat er selbst sich anzumelden. Versäumniß macht strafbar.

3. Der Vormund ist dafür verantwortlich, daß eintretenfalls der Mündel der gesetzlich vorgeschriebenen **Impfung** unterzogen werde. Unterlassung ist strafbar.

III. Von der Vermögensverwaltung durch den Vormund und der Vertretung des Mündels in seinen Vermögensangelegenheiten.

§ 13. Geschäftsunfähigkeit des Mündels.

1. Der minderjährige Mündel kann seine Vermögensangelegenheiten nicht selbständig wahrnehmen. Er ist nicht fähig, ohne die Genehmigung seines Vormundes (oder eines Pflegers) durch Rechtsgeschäfte Verbindlichkeiten zu übernehmen oder Rechte aufzugeben; er kann ohne diese Genehmigung nur solche Rechtsgeschäfte gültig eingehen, durch welche er Rechte erwirbt oder von Verbindlichkeiten sich befreit, ohne eine Gegenleistung zu übernehmen, vorausgesetzt, daß er das siebente

Lebensjahr überschritten hat; Kinder unter sieben Jahren können Rechtsgeschäfte überhaupt nicht eingehen.

Die zur Verwaltung der Vermögensangelegenheiten des Mündels erforderlichen Rechtsgeschäfte sind daher entweder vom Mündel selbst unter Genehmigung des Vormundes (Pflegers) oder vom Vormunde (Pfleger) allein für den Mündel abzuschließen. Das letztere wird das Häufigere und, von einzelnen unbedeutenden Rechtsgeschäften des täglichen Lebens, wie Anschaffung von kleinen Bedürfnißgegenständen, Genußmitteln 2c., abgesehen, das Zweckmäßigere sein. Uebrigens kann die erforderliche Genehmigung auch nachträglich mit Wirksamkeit ertheilt werden; auch werden die wegen mangelnder Genehmigung des Vormundes (Pflegers) etwa ungültigen Geschäfte rechtswirksam, wenn sie der Mündel nach erreichter Großjährigkeit anerkennt.

Von dieser mangelnden Geschäftsfähigkeit des Mündels giebt es folgende Ausnahmen:

a. Wenn der Vormund mit Genehmigung des Vormundschaftsgerichts dem Mündel den **selbständigen Betrieb eines Erwerbsgeschäfts**, z. B. eines Handwerks, eines kaufmännischen oder Fabrikgeschäfts, der Landwirthschaft 2c., gestattet hat, so ist der Mündel zur selbständigen Vornahme derjenigen Rechtsgeschäfte fähig, welche der Betrieb dieses Geschäfts mit sich bringt, ohne daß es zu deren Gültigkeit der Genehmigung des Vormundes (Pflegers) bedarf. Handelt es sich jedoch hierbei um Rechtsgeschäfte, zu deren Vornahme der Vormund selbst der Genehmigung des Vormundschaftsgerichts (§ 15) bedürfte, so ist zur Gültigkeit derselben, auch wenn der Mündel sie dem Vorstehenden nach selbständig vornehmen darf, die Genehmigung des Vormundschaftsgerichts erforderlich.

b. Hat der Vormund seine Genehmigung dazu ertheilt (was auch stillschweigend durch Duldung geschehen kann), daß der Mündel in ein **Dienst- oder Arbeitsverhältniß** eintrete, so ist der letztere dadurch ein für alle Mal berechtigt, selbständig, d. h. ohne Genehmigung des Vormundes für den einzelnen Fall, den Dienst oder die Arbeit aufzugeben und andere derartige Dienst- oder Arbeitsverhältnisse einzugehen. Dem Vormunde steht es aber frei, die ertheilte Genehmigung jederzeit wieder zurückzunehmen oder sie einzuschränken, auch das vom Mündel eingegangene Verhältniß in vertrags- oder gesetzmäßiger Weise aufzulösen; nur dürfen dadurch bereits erworbene Rechte Dritter nicht verletzt werden. Hat der Vormund darein gewilligt, daß der Mündel Schiffsdienste (als Junge, Matrose ꝛc.) nehme, so gilt diese Genehmigung, sofern ihr nicht ausdrücklich eine Einschränkung beigefügt ist, als ein für alle Mal ertheilt. Kraft derselben wird der minderjährige Mündel einem Großjährigen gleichgeachtet, insoweit es sich um den Abschluß von Heuerverträgen und die aus ihnen hervorgehenden Rechte und Pflichten handelt.

Soweit der Mündel nach dem Vorstehenden sich selbständig durch Verträge verpflichten kann, kann er auch in den aus solchen Verträgen entspringenden Rechtsstreitigkeiten (Prozessen) selbständig auftreten.

2. Ueber die Handlungs- und Geschäftsfähigkeit bevormundeter Großjähriger giebt es zur Zeit in Preußen noch kein einheitliches Recht; die Frage ist also im einzelnen Falle nach dem an dem betreffenden Orte

geltenden besonderen Rechte zu beantworten. Der Vormund des Großjährigen wird im Allgemeinen nicht fehl gehen, wenn er so handelt, als wenn sein Pflegebefohlener ein Minderjähriger wäre, und in Zweifelsfällen den Vormundschaftsrichter zu Rathe zieht.

§ 14. Allgemeines über die Verwaltung des Mündelvermögens.

Der Vormund, und nur er allein, hat das Mündelvermögen zu verwalten und sich allen hierauf bezüglichen Geschäften mit der Sorgfalt eines ordentlichen Hausvaters zu unterziehen. Er hat diese Geschäfte aus eigenem Antriebe vorzunehmen und darf nicht erst abwarten, daß das Gericht ihn zur Vornahme der nöthigen Handlungen auffordere. Säumnisse verpflichten ihn zum Schadensersatz (§ 31). Der Gegenvormund und das Gericht nehmen an der Verwaltung selbst nicht Theil; beide haben nur zu einzelnen, gesetzlich genau bestimmten, Geschäften auf Anfordern des Vormundes ihre Genehmigung zu ertheilen, um diese Geschäfte zu rechtsgültigen zu machen (siehe darüber das Nähere im § 15); andere vom Vormunde für den Mündel abgeschlossene Geschäfte sind ohne Weiteres rechtsverbindlich. Das Vormundschaftsgericht hat nur in einem Falle, nämlich, wenn zwei Vormünder gemeinschaftlich verwalten (§ 9) und sich über eine Verwaltungshandlung nicht einigen können, eine direkt in die Vermögensverwaltung eingreifende Entscheidung abzugeben; im Uebrigen führt es lediglich die Aufsicht über die Verwaltung des Vormundes und rügt es, wenn die letztere gegen die gesetzlichen Vorschriften verstößt oder

der Vormund offenbar den Grundsätzen einer vernünftigen Verwaltung zuwiderhandelt. Das Gericht wird in derartigen Fällen zunächst mit Mahnungen und Ordnungsstrafen gegen den Vormund vorgehen, nach Befinden zur Wahrung der Interessen des Mündels gegen den Vormund dem ersteren einen Pfleger beiordnen, schlimmstenfalls aber von der Befugniß, den Vormund seines Amtes zu entsetzen, Gebrauch machen. Das Gericht ist nicht verpflichtet, dem Vormunde über die Nothwendigkeit oder Zweckmäßigkeit solcher Verwaltungsgeschäfte, zu welchen die gerichtliche Genehmigung nicht gesetzlich vorgeschrieben ist, z. B. ob bewegliche Sachen zu verkaufen seien, ob ein ausstehendes Kapital wegen nicht genügender Sicherheit zu kündigen sei und dergl. mehr, in jedem Falle Rede zu stehen und Rath zu ertheilen oder gar dem Vormunde über zweifelhafte Rechtsfragen Auskunft zu geben, wenn auch im Allgemeinen die Vormünder dem Vormundschaftsrichter das Vertrauen werden entgegenbringen dürfen, daß er, soweit seine Geschäfte solches zulassen, ihnen die gewünschte Belehrung und Anleitung nicht vorenthalten werde.

Das Verwaltungs- und Verfügungsrecht des Vormundes bezüglich des Mündelvermögens ist übrigens auf Rechtsgeschäfte unter Lebenden beschränkt. Verfügungen auf den Todesfall kann der Vormund für den Mündel nicht treffen. Ferner ist hervorzuheben, daß das Recht und die Verpflichtung des Vormundes zur Vertretung des Mündels in seinen Vermögensangelegenheiten aufhören, sobald die eigenen Interessen des Vormundes mit denen der Vormundschaft in Widerstreit gerathen; in solchem Fall hat der Vormund die Bestellung eines Pflegers (§ 43) beim Gericht zu beantragen.

Wie der Vormund das Recht der Verwaltung hat, so hat er auch das Recht, Mündelsachen zu veräußern. Bewegliche Sachen kann er selbständig veräußern, unbewegliche (Grundstücke) nur mit gerichtlicher Genehmigung (§ 15 B 5). Bei Veräußerung von Werthpapieren und Kapitalien, wohin insbesondere die Cession gehört, ist er an die Genehmigung des Gegenvormundes gebunden (§ 15 A). Schenkungen für den Mündel aus dessen Vermögen vorzunehmen, ist der Vormund nicht berechtigt; doch sind ausnahmsweise solche Geschenke zulässig, welche üblich sind, z. B. Hochzeits-, Pathengeschenke u. dergl., oder welche durch die Vermögensverwaltung begründet werden.

Der Vormund kann für einzelne Geschäfte oder einzelne Zweige der Verwaltung Bevollmächtigte bestellen, für deren Auswahl er nach allgemeinen Rechtsgrundsätzen verantwortlich ist. Der Bevollmächtigte hat selbstverständlich keine weitergehenden Rechte, als der Vormund selbst. (Ueber die Befugniß zur Prokuraertheilung s. § 15 B 11.)

Hat ein Erblasser des Mündels über die Verwaltung oder Veräußerung der zu seinem Nachlaß gehörigen Gegenstände Bestimmungen für den Vormund getroffen, so sind diese zu befolgen. Sind jedoch Umstände eingetreten, welche die Befolgung als nachtheilig für den Mündel erscheinen lassen, so hat der Vormund die Angelegenheit dem Vormundschaftsgericht vorzutragen und ist nur mit dessen Genehmigung befugt, von diesen Bestimmungen abzugehen.

§ 15. Rechtsgeschäfte des Vormundes, welche einer Genehmigung bedürfen.

Es ist bereits erwähnt, daß, wiewohl der Vormund grundsätzlich das Mündelvermögen selbständig verwaltet, doch zur Gültigkeit einiger bestimmter, besonders wichtiger, Rechtsgeschäfte die Genehmigung des Gegenvormundes oder des Vormundschaftsgerichtes erforderlich ist. Diese Geschäfte sind:

A. **Geschäfte, welche der Genehmigung des Gegenvormundes bedürfen:**

1. Veräußerung (Verkauf, Umtausch, Verpfändung 2c.) von Werthpapieren des Mündels;

2. Einziehung, Abtretung (Cession) und Verpfändung von Kapitalien des Mündels, gleichviel, ob dieselben gegen Sicherheit oder ohne solche ausstehen. Die Genehmigung ist jedoch nicht erforderlich, wenn es sich um Gelder handelt, welche bei einer Sparkasse belegt sind. Die Zinsen der ausstehenden Kapitalien sowie sonstige laufende Eingänge (Pachtgelder 2c.) darf dagegen der Vormund allein einziehen;

3. Aufgabe oder Minderung der für eine Forderung des Mündels bestellten Sicherheit (z. B. Hypothek, Bürgschaft 2c.). Die Löschung einer Hypothek bedarf daher der Genehmigung des Gegenvormundes. —

Ist ein Gegenvormund nicht vorhanden, so hat der Vormund, welcher eine der vorstehend bezeichneten Handlungen vornehmen will, dem Gerichte die Sachlage vorzutragen, welches dann für die Bestellung eines Gegenvormundes Sorge tragen oder selbst die Genehmigung ertheilen wird. Auch in Fällen, wo etwa der Gegenvormund unbegründete Schwierigkeiten macht oder seine Genehmigung aus anderen Gründen nicht zu erreichen ist, kann der Vormund statt seiner das Gericht um die Genehmigung ersuchen. Führen zwei oder mehrere Vormünder gemeinschaftlich die Verwaltung (§ 9), so bedürfen sie zu den obigen Geschäften der Genehmigung eines Gegenvormundes oder anstatt dessen des Gerichts nicht. Der Pfleger (§ 43) bedarf der Genehmigung nur dann, wenn ihm ein Gegenvormund vom Gerichte beigeordnet ist.

B. **Geschäfte, welche der Genehmigung des Vormundschaftsgerichts bedürfen:**

1. die Entlassung des Mündels aus der preußischen Staatsangehörigkeit;

2. die Annahme des Mündels an Kindesstatt;

3. der Eintritt des Mündels in eine Einkindschaft;

4. die Erbauseinandersetzung des Mündels mit seinen Miterben (s. § 22), sofern dieselbe nicht durch gerichtliches Erkenntniß erfolgt;

5. die Veräußerung oder Belastung (mit Hypotheken, Grundgerechtigkeiten zc.) unbeweglicher Sachen des Mündels, also insbesondere der Grundstücke, soweit dieselbe nicht im Zwangsverfahren gegen den Mündel erfolgt. Auch die Art der Veräußerung wird durch das Vormundschaftsgericht bestimmt; dieselbe kann durch gerichtliche oder notarielle Versteigerung oder aus freier Hand geschehen;

6. der Erwerb unbeweglicher Sachen, also insbesondere von Grundstücken, für den Mündel durch sg.

lästigen Vertrag, d. h. solchen, welcher dem Mündel eine Gegenleistung auferlegt, z. B. Kauf, Tausch ꝛc.;

7. die Verpachtung oder Vermiethung unbeweglicher Sachen (Grundstücke), wenn der Vertrag über das Alter der Großjährigkeit des Mündels hinaus gelten soll, sowie die Verpachtung von Grundstücken, die zu einem Grundsteuerreinertrag von 3000 M. oder mehr eingeschätzt sind;

8. die Abschließung von Vergleichen, wenn deren Gegenstand die Summe von 300 M. übersteigt oder unschätzbar ist;

9. die Veränderung oder Auflösung sowie die Neubegründung oder Uebernahme eines Erwerbsgeschäfts (eines kaufmännischen oder Fabrikgeschäftes, eines Handwerks ꝛc.). Zur bloßen Fortsetzung eines dem Mündel vom Vater ꝛc. angefallenen Geschäfts ist die gerichtliche Genehmigung nicht erforderlich;

10. die Eingehung wechselmäßiger Verbindlichkeiten. Es kann jedoch dem Vormunde durch das Vormundschaftsgericht auf Antrag eine allgemeine Ermächtigung zur Eingehung wechselmäßiger Verbindlichkeiten ertheilt werden, wenn solche durch die Vermögensverwaltung erfordert wird;

11. die Ertheilung einer Prokura;

12. die Aufnahme von Darlehen;

13. die Uebernahme fremder Verbindlichkeiten auf das Vermögen des Mündels (z. B. einer Bürgschaft);

14. die Verzichtleistung auf eine Erbschaft oder ein Vermächtniß (vergl. § 20). —

Sind die vorstehend bezeichneten Geschäfte ohne die erforderliche Genehmigung geschlossen, so sind sie an und für sich ungültig, also für den Mündel unverbindlich. Jedoch können sie durch die nachträglich ertheilte Genehmigung sowie auch dadurch gültig werden, daß der Mündel nach erreichter Selbständigkeit sie freiwillig anerkennt.

Dadurch, daß ein zu seiner rechtlichen Gültigkeit der Genehmigung bedürfendes Geschäft vom Gegenvormunde oder vom Vormundschaftsgericht genehmigt ist, ist aber der Vormund nicht etwa seiner Verantwortlichkeit für dasselbe (vergl. § 31) enthoben; vielmehr haftet er in erster Linie für etwaiges Verschulden, wenn durch das Geschäft der Mündel benachtheiligt wird.

Ueber die Berechtigung des Vaters des Mündels, den von ihm ernannten Vormund von der Nothwendigkeit der Genehmigung gewisser Rechtsgeschäfte zu entbinden, siehe § 25. Die Wirksamkeit einer solchen Befreiung ist gesetzlich dadurch bedingt, daß dem Vormunde in der ihm auszuhändigenden Bestallung (§ 3) vom Gerichte die allgemeine Ermächtigung zur Vornahme der gedachten Handlungen ertheilt wird.

§ 16. Das Vermögensverzeichniß (Inventar).

Der Vormund hat von dem bei Einleitung der Vormundschaft vorhandenen Mündelvermögen unter Zuziehung des etwa vorhandenen Gegenvormundes ein genaues und vollständiges Verzeichniß (**Vermögensverzeichniß, Inventar**) aufzunehmen und dem Vormundschaftsgericht einzureichen. Der Vormund, bezw. die etwaigen mehreren Vormünder, und der Gegenvormund haben dem Gerichte die Versicherung abzugeben, daß das Verzeichniß nach ihrer pflichtmäßigen Ueberzeugung richtig und vollständig sei. Es wird in der Regel genügen, wenn die Erklärung unter dem Inventar schriftlich abgegeben und vom Vormunde und Gegenvormunde unterschrieben wird. Fällt dem Mündel im Laufe der Vormundschaft z. B. durch Erbschaft Vermögen zu, so ist über dasselbe gleichfalls ein Verzeichniß aufzunehmen und damit wie vorsteht zu verfahren. Der Mitwirkung eines Gerichtsbeamten oder Notars bei der Aufnahme des Verzeichnisses sowie der Beifügung einer Taxe bedarf es gesetzlich nicht, wenn auch die letztere zur Beschaffung einer leichteren Vermögensübersicht in manchen Fällen sich empfehlen wird. Der Vormund kann das Inventar selbst aufstellen oder durch eine beliebige andere Person aufstellen lassen. Sind an auswärtigen Orten Vermögensstücke zu inventarisiren, so kann sich der Vormund der Vermittelung des betreffenden Amtsgerichts bedienen, welches einen Gerichtsschreiber oder Gerichtsvollzieher mit der Aufnahme beauftragt. Eine Zuziehung der Wittwe und der großjährigen Geschwister der Mündel bei der Aufnahme des Inventars wird in der Regel zweckmäßig sein.

Der Vater des Mündels als gesetzlicher Vormund (§ 7) ist allein von der Aufnahme eines Inventars befreit. Hat der Erblasser, wozu er, wie wir unten im § 25 sehen werden, das Recht hat, die Offenlegung des Verzeichnisses seines Nachlasses in gehöriger Form verboten, so muß nichtsdestoweniger ein Verzeichniß über den Nachlaß aufgenommen und dem Gerichte mit der vorgeschriebenen Richtigkeitsversicherung versehen eingereicht werden. Das letztere hat jedoch das Verzeichniß ohne zuvorige Kenntnißnahme von dem Inhalte einzusiegeln, auf Verlangen des Vormundes in dessen Gegenwart, und dasselbe auf dem Gerichte aufzubewahren. Das Gericht ist nur aus besonderen Gründen, über welche der Vormund vorher zu hören ist, befugt, von dem Inhalte des Verzeichnisses Kenntniß zu nehmen.

Ueber die Einrichtung des Vermögensverzeichnisses sind gesetzlich keine Bestimmungen getroffen. Es empfiehlt sich jedoch der leichteren Uebersicht halber und im Interesse des Vormundes, der weniger leicht ein Vermögensstück auslassen wird, dasselbe nach einem bestimmten Schema anzulegen. Es kann hierfür das in der Anlage A (am Schluß) mitgetheilte Formular empfohlen werden. Dasselbe ist für einen einfachen Nachlaß berechnet und nach Bewandtniß der Fälle durch Hinzufügung etwa erforderlicher weiterer Rubriken zu vervollständigen. Sind größere Mengen von Sachen bestimmter Art, z. B. Fabrik- oder Wirthschaftsinventar, Sammlungen u. dergl., vorhanden, so wird es zweckmäßig sein, diese Gegenstände in einem besonderen, dem Hauptverzeichniß als Anlage beizufügenden Verzeichniß zusammenzustellen. Das Vermögensverzeichniß soll das dem Mündel (den Mündeln) gehörige gesammte Vermögen enthalten, d. h. sowohl das Aktivvermögen, als auch die Schulden. Besteht das Vermögen in dem Antheil an einem noch ungetheilten Nachlaß, so muß das Verzeichniß, unter Namhaftmachung der Mitberechtigten, den ganzen Nachlaß umfassen; etwaige dem Mündel außerdem gehörige Vermögenstheile sind besonders aufzuführen. Eine Angabe über bestehende Pacht- und Miethverhältnisse, etwa anhängige Prozesse oder vom Erblasser geführte Vormundschaften, Pflegschaften oder sonstige Ver-

Anlage A.

waltungen darf nicht fehlen, da die aus diesen Verhältnissen sich ergebenden Forderungen und Verbindlichkeiten zum Vermögensstande gehören.

Da das dem Gericht eingereichte Verzeichniß bei diesem verbleibt, so hat der Vormund vor der Einreichung eine genau übereinstimmende Abschrift davon zurückzubehalten.

§ 17. Die verzinsliche Anlegung der Mündelgelder.

1. In welcher Weise die in der vormundschaftlichen Verwaltung eingehenden Gelder (zurückgezahlte Kapitalien, Zinsen, Pachtgelder ꝛc.) zu verwenden sind, darüber enthält das Gesetz keine Vorschriften, überläßt die Bestimmung vielmehr dem pflichtmäßigen Ermessen des Vormundes. Das Gesetz giebt aber ausdrückliche Anweisung für den Fall, daß solche Gelder zu den laufenden oder anderen durch die Vermögensverwaltung begründeten Ausgaben nicht erforderlich sind, mithin dauernd anderweit untergebracht werden müssen, da Mündelgelder selbstverständlich nicht unbenutzt liegen bleiben dürfen. Solche Gelder soll der Vormund nun im Einverständniß mit dem Gegenvormunde nach folgenden näheren Bestimmungen anlegen:

a. entweder in Schuldverschreibungen, welche von dem deutschen Reiche oder von einem deutschen Bundesstaate mit gesetzlicher Ermächtigung ausgestellt sind,

oder deren Verzinsung vom deutschen Reiche oder von einem deutschen Bundesstaate gesetzlich garantirt ist,

oder Rentenbriefen der zur Vermittelung der Ablösung von Renten in Preußen bestehenden Rentenbanken, oder Schuldverschreibungen, welche von deutschen kommunalen Korporationen (Provinzen, Kreisen, Gemeinden ꝛc.) oder von deren Kreditanstalten ausgestellt und entweder seitens der Inhaber kündbar sind oder einer regelmäßigen Amortisation unterliegen,

b. oder in mit staatlicher Genehmigung ausgegebenen Pfandbriefen oder gleichartigen Schuldverschreibungen solcher Kreditinstitute, welche durch Vereinigung von Grundbesitzern gebildet, mit Korporationsrechten versehen sind und nach ihren Statuten die Beleihung von Grundstücken auf die nachstehend unter c angegebenen Theile des Werthes derselben zu beschränken haben,

c. oder endlich auf sichere Hypotheken oder Grundschulden. Eine Hypothek oder Grundschuld ist aber gesetzlich nur dann für sicher zu erachten, wenn sie bei ländlichen Grundstücken innerhalb der ersten zwei Drittheile des durch ritterschaftliche, landschaftliche, gerichtliche oder Steuertaxe, bei städtischen innerhalb der ersten Hälfte des durch Taxe einer öffentlichen Feuerversicherungsgesellschaft oder durch gerichtliche Taxe zu ermittelnden Werthes, oder wenn sie innerhalb des fünfzehnfachen Betrages des Grundsteuerreinertrages der Liegenschaft zu stehen kommt. —

Zu dem Vorstehenden ist noch Folgendes zu bemerken. Der Vormund und Gegenvormund haben bezüglich der Art der Anlegung der Gelder in den vorbezeichneten Werthen völlig freie Wahl. Eine bequeme Anlegung wird immer die in Werthpapieren sein, wobei nur darauf zu achten ist, daß diese den vorstehend unter a und b mitgetheilten gesetzlichen Erfordernissen genügen, um so mehr, als der Vormund sich der Sorge für die Aufbewahrung der Papiere durch deren *Hinterlegung* (§ 18) entschlagen kann. Freilich können durch Auslosungen und Kündigungen der Papiere dem Vormunde einige Umständlichkeiten erwachsen, indem die hinterlegten Papiere zurückzufordern und andere anzuschaffen und wiederum zu hinterlegen sind. Die bequemste und sicherste Anlegung ist aber jetzt, nachdem in Gemäßheit des Gesetzes vom 20. Juli 1883 das **Staatsschuldbuch** eingerichtet ist, diejenige in *Schuldverschreibungen der preußischen vierprozentigen und dreieinhalbprozentigen konsolidirten Staatsanleihe*, welche der Vormund weder aufzubewahren noch zu hinterlegen braucht, sondern einfach an die Hauptverwaltung der Staatsschulden einsendet und dafür eine entsprechende *Gutschrift* im *Staatsschuldbuch* auf den Namen seines Mündels erhält. Das Nähere hierüber ist im *Anhange* (Anlage C.) mitgetheilt.

Was die Anlegung von Geldern in *Hypotheken* und *Grundschulden* anbelangt, so wird hierin der Vormund besonders vorsichtig sein müssen und sich streng an die oben mitgetheilten Vorschriften zu halten haben, da er dem Mündel für jeden aus einer vorschriftswidrigen Belegung erwachsenden Verlust persönlich haftet. Es ist also zu seiner Sicherheit unbedingt erforderlich, daß er auf Grund der (vom Anleiher vorzulegenden *Grundsteuermutterrollenauszüge* sich überzeugt, daß die herzuleihende Summe innerhalb des fünfzehnfachen Betrages der *aus den Auszügen sich ergebenden* Grundsteuerreinerträge der zu verpfändenden Grundstücke bleibt *oder* daß ihm durch Vorlegung der oben bezeichneten, vom Gesetz ausdrücklich zugelassenen Taxen (nicht anderer) nachgewiesen wird, daß die Summe sich innerhalb der ersten zwei Drittel bezw. der ersten Hälfte dieser Taxwerthe befindet.

Die vorstehenden Bestimmungen über Anlegung von Geldern beziehen sich nur auf diejenigen Gelder, welche während der Dauer der Vormundschaft verfügbar werden. Befinden sich in dem bei Beginn der Vormundschaft vorhandenen Vermögen oder in einem etwa später dem Mündel zugefallenen Nachlaß andere als die oben bezeichneten Anlagepapiere, z. B. ausländische Staatspapiere, Industrieaktien u. dergl., so ist der Vormund nicht ohne Weiteres verpflichtet, sich dieser Papiere zu entäußern und die Gelder anderweitig anzulegen; er wird vielmehr mit der Sorgfalt eines ordentlichen Hausvaters zu prüfen haben, ob die Veräußerung räthlich oder geboten ist.

Mündelgelder in eigene Benutzung zu nehmen, ist dem Vormunde verboten; s. darüber das Nähere in § 23.

2. Gelder, deren Anlegung in den vorstehend unter a bis c bezeichneten Werthen nach den obwaltenden Umständen nicht geschehen kann, z. B. weil ein bestimmter Betrag angesammelt werden soll, sind nach gesetzlicher Vorschrift bei der Reichsbank oder bei öffentlichen, obrigkeitlich bestätigten Sparkassen einstweilen zinsbar zu belegen. Es handelt sich hier also um vorläufige Unterbringung dauernd anzulegender Gelder bis dahin, daß das Hinderniß beseitigt ist. Die Vorschrift wird aber auch für andere Gelder, welche demnächst zu besonderen durch die Vermögensverwaltung begründeten Ausgaben erforderlich

werden, aber zeitweilig verfügbar sind, gelten, der Vormund also nicht befugt sein, solche Gelder für die Zwischenzeit bei anderen, als den vorbezeichneten, Sparkassen oder auch bei einem Bankier 2c. zinsbar zu belegen.

3. Versäumt oder verzögert der Vormund die Anlegung von Geldern, so muß er die anzulegende Summe mit sechs vom Hundert jährlich aus seinem Vermögen verzinsen.

§ 18. Hinterlegung von Werthpapieren und Kostbarkeiten. Außerkurssetzung von Werthpapieren.

1. Das Vormundschaftsgericht kann nach Befinden anordnen, daß die dem Mündel gehörigen Werthpapiere, welche auf den Inhaber lauten oder deren Betrag an den Inhaber (Vorzeiger) ausgezahlt werden kann, und etwaige Kostbarkeiten bei der Reichsbank oder einer anderen dazu bestimmten Behörde oder Kasse (gegenwärtig sind dazu die Regierungen als „Hinterlegungsstellen" und die Regierungshauptkassen als „Hinterlegungskassen" bestimmt) hinterlegt werden sollen. Es erläßt in solchem Fall an den Vormund eine Hinterlegungsanweisung, in welcher die zu hinterlegenden Papiere bezeichnet sind und der Vormund wegen des Verfahrens nähere Anleitung erhält. Es handelt sich hier um eine Verwahrung der Papiere zur Sicherung des Mündels; im Uebrigen liegt die Verwaltung derselben auch ferner dem Vormunde ob,[3]) welcher also die Zinsen (Dividenden) einzuziehen und

[3]) Nur ausnahmsweise, bezüglich einiger weniger Papiere, besorgt die Hintergungskasse die Beschaffung neuer Zins- und Dividendenscheine von Amtswegen.

zu überwachen hat, ob die Papiere gekündigt oder ausgelost werden, in welchem Falle beim Amtsgericht Antrag auf Verfügung der Rückgabe der Papiere zu stellen ist. Uebrigens sind die Hinterlegungskassen angewiesen, auch ihrerseits die Kündigungen und Auslosungen der bei ihnen hinterlegten Papiere insoweit, als dieselben in den Listen des Reichsanzeigers veröffentlicht werden, zu überwachen und eintretendenfalls den Vormund zu benachrichtigen, auch ihn aufmerksam zu machen, wenn die Beschaffung neuer Zins- und Dividendenscheine erforderlich wird, in welchem Falle der Vormund die Genehmigung zur Rückgabe der etwa mit hinterlegten Talons (Anweisungen) beim Amtsgericht zu beantragen hat.

Von dieser durch das Gericht angeordneten Hinterlegung ist zu unterscheiden die auf freiwilligen Antrag des Vormundes stattfindende Hinterlegung von Werthpapieren. Eine solche wird meist im Interesse des Vormundes selbst liegen, da er durch dieselbe der Sorge um die Aufbewahrung der Papiere überhoben ist. Jeder gerichtlich bestellte (nicht der gesetzliche, § 7) Vormund kann die Hinterlegung beim Vormundschaftsgerichte beantragen, welches die Papiere in vorläufige Verwahrung nimmt und demnächst an die Hinterlegungsstelle weitersendet. Die Zinsbogen nebst Anweisung (Talon) behält der Vormund meist zurück. Da für das vom Vormunde an das Gericht zu richtende „Gesuch um Annahme zur vorläufigen Verwahrung“ besondere Formen vorgeschrieben sind, so wird der Vormund zweckmäßig das Gesuch unter Ueberreichung der Papiere beim Gerichtsschreiber zu Protokoll erklären.

Bestehen die Papiere in Schuldverschreibungen der

preußischen konsolidirten Staatsanleihe, so wird der Vormund, statt die Hinterlegung derselben zu beantragen, dieselben vielleicht zweckmäßiger in das **Staatsschuldbuch** eintragen lassen; s. darüber S. 37 und hinten **Anlage C.** Uebrigens ist das Vormundschaftsgericht in solchem Falle auch befugt, die Eintragung in das Staatsschuldbuch **anzuordnen.**[4])

Anlage C.

2. Das Vormundschaftsgericht kann auch anordnen, daß die unter Nr. 1 bezeichneten Werthpapiere des Mündels **außer Kurs gesetzt** werden. Diese Maßregel wird aber wohl nur ausnahmsweise getroffen werden, jedenfalls nicht bei ausländischen Werthpapieren, da die Verkäuflichkeit solcher durch die Außerkurssetzungsvermerke erfahrungsmäßig dauernd beeinträchtigt wird. Auch Sparkassenbücher können vom Gericht außer Kurs gesetzt werden, wenn die Sparkasse an den Inhaber leisten kann und die Empfangsberechtigung des Vorzeigers des Buchs zu prüfen nicht verpflichtet ist.

§ 19. Verwaltung von Grundstücken.

Der Vormund hat selbstverständlich für ordnungsmäßige Nutzung der vorhandenen Immobilien (Häuser, ländliche Liegenschaften, Güter 2c.) Sorge zu tragen. Im Uebrigen hängt die Art der Verwaltung von seinem verständigen

[4]) Es hat alsdann der Vormund in dem an die Staatsschuldbuchverwaltung zu richtenden **Antrage** (s. Formular in **Anlage C**) einen Zusatz etwa folgenden Inhalts zu machen:

„Ich beantrage schließlich, im Staatsschuldbuche einzutragen, daß die Ausreichung neuer Konsols gegen Löschung des Kontos während der Dauer der Vormundschaft von der Genehmigung des Vormundschaftsgerichts abhängig ist."

Ermessen ab. Der Zustimmung des Gegenvormundes bedarf es nicht. Gültige Anordnungen des Erblassers des Mündels sind, wie überhaupt (§ 25), so auch hier thunlichst zu befolgen. Pachtkontrakte kann der Vormund selbständig abschließen; die Genehmigung des Vormundschaftsgerichts ist nur in den im § 15 unter B Nr. 7 bezeichneten beiden Fällen erforderlich. Ebenso ist die Veräußerung oder Belastung (mit Hypotheken 2c.) der Grundstücke an die Genehmigung des Vormundschaftsgerichts gebunden (§ 15 B Nr. 5).

§ 20. Erbschaften.

Der Vormund hat zu ermessen, ob eine dem Mündel angefallene Erbschaft (insbesondere die des Vaters oder der Mutter) oder ein Vermächtniß anzutreten oder auszuschlagen ist. Letzteres wird der Fall sein, wenn die anzustellenden Ermittelungen ergeben, daß der Nachlaß überschuldet ist. Zwar entsteht dem Mündel dadurch, daß der Vormund eine Erbschaft, welche sich hinterher als unzureichend erweist, für ihn angetreten bezw. nicht ausgeschlagen hat, ein Rechtsnachtheil nicht, da der erstere der sg. Rechtswohlthat des Nachlaßverzeichnisses (des Inventars) durch Handlungen oder Unterlassungen des Vormundes nicht verlustig geht. Es kann aber doch im Interesse des Mündels und besonders des Vormundes selbst liegen, daß die Erbschaft sofort ausgeschlagen wird. Die genannte Rechtswohlthat besteht darin, daß der Mündel den Erbschaftsgläubigern und Vermächtnißnehmern nicht über den Bestand des durch die Erbschaft Erworbenen haftet, und ist für andere, nicht bevormundete, Personen dadurch bedingt, daß ein vollständiges Verzeichniß über den Nachlaß binnen einer bestimmten Frist und unter einer bestimmten Form aufgenommen bezw. dem Gerichte eingereicht wird. Ist während der Dauer der Vormundschaft ein solches Verzeichniß in gehöriger Form nicht aufgenommen, so muß der großjährig gewordene Mündel solches baldigst nachholen, widrigenfalls er von Nachlaßgläubigern und Vermächtnißnehmern ohne Rücksicht auf den Bestand der Erbschaft in Anspruch genommen werden kann.

Die Ausschlagung einer Erbschaft oder eines Vermächtnisses bedarf übrigens zu ihrer Gültigkeit der Genehmigung des Vormundschaftsgerichts (§ 15 B Nr. 14); die Antretung nicht.

§ 21. Prozeßführung.

Dem Vormunde steht die Entscheidung zu, ob für den Mündel ein Prozeß geführt oder ein anhängiger Prozeß weitergeführt werden soll. Die Genehmigung des Gegenvormundes oder des Gerichts ist nicht erforderlich. Der Vormund hat den Mündel im Prozeß zu vertreten. Selbstverständlich ergeht das Urtheil gegen ihn nur in seiner Eigenschaft als Vertreter des Mündels und kann nur in des letzteren Vermögen vollstreckt werden. In der Befugniß zur Prozeßführung liegt auch das Recht, einen Vergleich abzuschließen; zu einem solchen ist ausnahmsweise dann die Genehmigung des Vormundschaftsgerichts erforderlich, wenn der Gegenstand des Vergleichs unschätzbar ist oder die Summe von dreihundert Mark übersteigt.

Ueber die Vertretung des Mündels im Strafverfahren und die Erhebung einer Privatklage s. § 12.

§ 22. Erbauseinandersetzungen.

Ist die Vormundschaft durch den Tod des Vaters veranlaßt oder ist der Mündel sonst Erbe geworden und sind Miterben vorhanden, so hat der Vormund zu ermessen, ob die Erbauseinandersetzung sogleich herbeizuführen oder etwa bis zur Großjährigkeit des Mündels oder bis zu einem anderen Zeitpunkte auszusetzen sei. (Der Satz des preuß. Landrechts, wonach sofort nach der Aufnahme des Inventars von Amtswegen eine gerichtliche Nachlaßregulirung eingeleitet wird, ist nicht mehr in Geltung.) Selbstverständlich ist zur Aussetzung der Regulirung die Einwilligung der Miterben erforderlich. Die Erbauseinandersetzung wird in vielen Fällen nach erreichter Großjährigkeit des Mündels (der Mündel) leichter und rascher von Statten gehen, da bei bestehender Vormundschaft der Vormund zu seiner eigenen Sicherheit vorsichtiger und formeller zu Werke gehen wird, auch die erforderliche gerichtliche Genehmigung (§ 15 B [4]) unter Umständen zu Schwierigkeiten führen kann. Eine Aussetzung kann sich auch aus sonstigen Gründen empfehlen, z. B. wenn ein Grundstück oder ein Erwerbsgeschäft nur mit den gemeinsamen Mitteln aller Erben erhalten werden könnte oder wenn etwa sämmtliche Betheiligte wünschen, mit der Mutter die bisherige gemeinschaftliche Wirthschaft fortzusetzen. Ist die Auseinandersetzung während bestehender Vormundschaft vonnöthen, so kann dieselbe vor Gericht oder Notar oder auch mittels Privatschrift erfolgen; die darüber aufzunehmende Urkunde ist alsdann dem Vormundschaftsgerichte zur Prüfung behufs Ertheilung der Genehmigung einzureichen.

Der Erbauseinandersetzung steht bezüglich der Aussetzungsfrage die Theilung gütergemeinschaftlichen Vermögens zwischen dem überlebenden Ehegatten und den Erben des Verstorbenen gleich.

§ 23. Rechtsgeschäfte des Vormundes mit sich selbst.

1. Der Vormund kann als Vertreter des Mündels mit sich selbst keine Rechtsgeschäfte eingehen. Ist der Abschluß eines Rechtsgeschäfts mit dem Vormunde erforderlich oder zweckmäßig, so ist dem Vormundschaftsgerichte Mittheilung zu machen, welches dem Mündel für diese besondere Angelegenheit einen Pfleger beiordnen wird (s. § 43). Der Vormund tritt dann mit dem Pfleger in Verhandlung, bis die Angelegenheit geordnet ist. Die Zuziehung des Gegenvormundes zu einem solchen Geschäfte, bei welchem der Vormund gleichzeitig für sich und für den Mündel auftreten würde, ist rechtlich wirkungslos und daher unnütz; der Gegenvormund hat andere Obliegenheiten und ist zur Vertretung des Mündels dem Vormunde gegenüber nicht befugt.

Uebrigens empfiehlt es sich, geschäftliche Beziehungen zwischen dem Vormunde (auch dem Gegenvormunde, Pfleger) und dem Mündel thunlichst zu vermeiden, da, abgesehen von jener lästigen Nothwendigkeit der Bestellung eines Pflegers, die Gefahr eines Widerstreits zwischen den Interessen des Vormundes und denjenigen der ihm anvertrauten Mündel nahe liegt. Das Gesetz verbietet es aus diesem Grunde geradezu, daß der Vormund Gelder des Mündels als Darlehn, sei es auch gegen ausreichende Sicherheit, hinnimmt. Es ist dies zu folgern aus § 40 Abs. 2 der Vormundschaftsordnung, wonach der Vormund für den Mündel eine auf seinen eigenen Grundstücken ruhende Hypothek oder Grundschuld nicht erwerben darf. Ohne eine solche Sicherheit aber darf Mündelgeld nicht ausgeliehen werden. Ist der Vormund bei Uebernahme der Vormundschaft Schuldner des Mündels, so ist er zwar nicht verpflichtet, dieses Schuldverhältniß gleich zu lösen; es wird sich aber fragen, ob solches nicht im Interesse des Mündels liegt, und das Gericht kann, um dies zu prüfen, einen Pfleger bestellen.

2. Verwendet der Vormund eigenmächtig Gelder des Mündels in seinem Nutzen, so muß er von der Verwendung an Zinsen dafür entrichten; den Zinsfuß hat das Vormundschaftsgericht nach seinem Ermessen zwischen acht und zwanzig vom Hundert festzusetzen. Selbstverständlich darf der Vormund auch andere Vermögensgegenstände des Mündels nicht in seinem Nutzen verwenden.

Daß der Vormund Gläubiger des Mündels werde, etwa dadurch, daß er in die Vormundschaft Geld verleiht, ist durch das Gesetz nicht verboten. Zur Gültigkeit des Darlehns ist aber die Mitwirkung eines Pflegers und die gerichtliche Genehmigung (s. § 15 B [12]) erforderlich. Abgesehen von eigentlichen Darlehen kann es vorkommen, daß der Vormund anläßlich der Verwaltung aus eigenen Mitteln Vorschüsse leistet; dieselben werden ihm als Auslagen, geeignetenfalls mit üblichen Zinsen, natürlich erstattet.

§ 24. Gutachtliche Anhörung des Mündels, der Verwandten ꝛc. in Angelegenheiten der Vormundschaft.

1. Der minderjährige Mündel hat kein Recht der Theilnahme an der vormundschaftlichen Verwaltung und der Vormund braucht daher seine Zustimmung zu den Verwaltungshandlungen nicht einzuholen. Es soll aber, wenn es sich um bestimmte wichtigere Geschäfte handelt (insbes. Veräußerung von Grundstücken, Auflösung eines Geschäfts, Großjährigkeitserklärung des Mündels), das Vormundschafts*gericht*, ehe es die erforderliche Genehmigung ertheilt, den Mündel vorher über die Sache *hören*, falls er das *achtzehnte* Lebensjahr zurückgelegt hat. Uebrigens wird es zweckmäßig sein, wenn der Mündel der Großjährigkeit nahe ist, auf seine Bemerkungen und Erinnerungen bei der Verwaltung billige Rücksicht zu nehmen, wie es sich denn auch, in Anbetracht des jetzigen frühen Eintritts der Großjährigkeit, empfehlen wird, daß der Vormund den erwachsenen Mündel möglichst zu seinen Vermögensangelegenheiten heranzieht und die erforderlichen Maßnahmen mit ihm bespricht, damit er nach und nach lernt, wie er demnächst sein Vermögen selbständig zu verwalten hat.

2. Auch den *Angehörigen* (Verwandten, Verschwägerten) des Mündels steht an sich eine Einwirkung auf die Verwaltung nicht zu. Sie können aber vom Vormundschaftsgericht sowie selbstverständlich vom Vormunde jederzeit gutachtlich gehört werden; für gewisse Fälle ist ihre Anhörung durch das Gericht gesetzlich vorgeschrieben. Der Vormund ist ferner berechtigt, beim Gerichte zu *be-*

antragen, daß dieses vor einer von ihm zu treffenden Anordnung drei von den näheren Verwandten oder Verschwägerten des Mündels, sofern sie ohne Verzug erreichbar sind, gutachtlich höre; dasselbe Recht (zum Antrage) haben der Gegenvormund sowie Verwandte oder Verschwägerte des Mündels. Ueber die Mitwirkung der Angehörigen bei der Bildung eines Familienraths s. § 37.

§ 25. Einfluß des Vaters, der Mutter, des Erblassers des Mündels auf die vormundschaftliche Verwaltung.

Gesetzlich ist dem Willen des Vaters oder der Mutter oder des Erblassers des Mündels ein gewisser Einfluß auf die Art der vormundschaftlichen Verwaltung eingeräumt. Wir fassen im Nachstehenden diese Fälle und deren Voraussetzungen übersichtlich zusammen.

1. Der **Vater** des Mündels ist befugt, die folgenden Anordnungen zu treffen, denen das Vormundschaftsgericht sowie die sonst bei der Vormundschaft wirkenden Personen nachzukommen verpflichtet sind:

a. Er kann in einem Testament oder in einer gerichtlich oder notariell beglaubigten Urkunde oder in einer eigenhändig ge- und unterschriebenen Urkunde dem Mündel einen Vormund ernennen. Diese Ernennung ist aber nur wirksam, wenn der Vater zur Zeit seines Todes entweder die väterliche Gewalt über den Mündel gehabt hat oder dessen Vormund gewesen ist. Der Ernannte wird nicht von selbst Vormund, sondern muß vom Gerichte bestellt werden.

b. Es darf nicht zum Vormunde bestellt werden, wer

in der unter a erwähnten Form und Voraussetzung vom Vater ausgeschlossen ist.

c. Der Vater kann in derselben Weise die Bestellung eines Gegenvormundes untersagen.

d. Er kann als Erblasser des Mündels in der unter a bezeichneten Form die Offenlegung des Verzeichnisses seines Nachlasses (des Inventars) verbieten, womit denn auch die Rechnungsablage und Einreichung einer Vermögensübersicht (§ 27) in Wegfall kommen. Die Aufnahme des Verzeichnisses kann er aber nicht hindern (vergl. § 16).

e. Er kann Bestimmungen über die Verwaltung oder die Veräußerung der zu seinem Nachlaß gehörigen Gegenstände treffen (vergl. § 14).

f. Er kann in den unter a bezeichneten Formen bestimmen, daß der von ihm ernannte Vormund von der Nothwendigkeit der Genehmigung des Gegenvormundes oder des Vormundschaftsgerichts zu den im § 15 unter A 1—3 und B 4—14 bezeichneten Geschäften befreit sein solle, sowie

g. daß derselbe von der Rechnungsablage während der Dauer der Vormundschaft und

h. von der Verpflichtung zur Sicherheitsleistung (§ 29) frei sein solle.

i. Der Vater kann in der gedachten Form bezüglich des von ihm ernannten Vormundes anordnen, daß Werthpapiere und Kostbarkeiten nicht hinterlegt oder erstere nicht außer Kurs gesetzt werden sollen (§ 18).

k. Er kann unter den unter a gedachten Formen bestimmen, daß ein Familienrath gebildet oder nicht gebildet werden sowie wer in einen solchen als Mitglied ein- eintreten soll (§ 37).

l. Der Vater kann endlich, wenn er Erblasser des Mündels ist, bestimmen, daß und welches Honorar (§ 30) dem Vormunde für seine Amtsführung gewährt werden soll.

2. Die **Mutter** des Mündels ist unter Beobachtung der unter 1 a bezeichneten Form und unter der Voraussetzung, daß sie bis zum Tode die Vormundschaft über den Mündel geführt hat, zu den vorstehend unter 1 a bis c und k bezeichneten Anordnungen befugt; auch kann sie in der gedachten Form die unter 1 g und h erwähnten und, wenn sie Erblasserin des Mündels ist, auch die unter 1 d, e und l bezeichneten Anordnungen treffen.

3. Jeder Andere, welcher als **Erblasser** dem Mündel etwas hinterlassen hat, ist befugt, die unter 1 d, e und l bezeichneten Bestimmungen hinsichtlich des von ihm herrührenden Vermögens zu treffen.

(Ueber den Einfluß desjenigen, welcher eine Zuwendung gemacht hat, auf die Verwaltung seitens des Pflegers vergl. § 44.)

§ 26. Besondere Stellung einzelner Personen als Vormünder (sg. befreiter Vormünder).

1. Der Vater des Mündels als (gesetzlicher) Vormund ist nicht verpflichtet, ein Vermögensverzeichniß (Inventar, § 16) aufzunehmen, während der Verwaltung Rechnung abzulegen (§ 27), eine Vermögensübersicht einzureichen, Sicherheit zu bestellen, Werthpapiere oder Kostbarkeiten zu hinterlegen oder erstere außer Kurs setzen zu lassen.

2. Die Mutter als Vormünderin ist von der Rech-

nungsablage während der Verwaltung (nicht aber auch von der Einreichung von Vermögensübersichten, § 27 unter 2), sowie von der Verpflichtung zur Sicherheitsleistung frei; ebenso

3. der Ehemann und die Großeltern des Mündels, sowie

4. die Ehefrau als Vormünderin ihres großjährigen Ehemannes.

5. Ueber die Stellung einer Vormünderin ist überhaupt noch Folgendes zu bemerken: Eine Frau, welche mit einem Anderen, als dem Vater des Mündels verheirathet ist, darf nur mit Einwilligung des Ehemannes als Vormund bestellt werden. Verheirathet sich eine Vormünderin oder geht sie eine neue Ehe ein, so wird sie dadurch nicht unfähig zur Weiterführung der Vormundschaft; aber sie kann aus diesem Grunde entlassen werden, worüber das Gericht nach Anhörung der Angehörigen des Mündels zu entscheiden hat. Sie darf nur mit Einwilligung des Ehemannes beibehalten werden. Der Grund hierfür ist, daß der Ehemann, wenn er nicht der Vater des Mündels ist, gesetzlich für die vormundschaftliche Verwaltung seiner Frau als Bürge haftet, also eintretendenfalls statt der Vormünderin selbst in Anspruch genommen werden kann und aus diesem Grunde, seiner eigenen Sicherheit halber, genöthigt ist, die Vormundschaftsführung seiner Frau auf das genaueste zu überwachen.

6. Daß andere Personen, als die vorstehend gedachten Angehörigen des Mündels, welche vom Vater oder der Mutter des letzteren zum Vormunde ernannt sind, von

denselben in gewissen Beziehungen freier gestellt werden können, haben wir im vorigen Paragraphen gesehen.

§ 27. Die Vormundschaftsrechnungen.

1. Das Vormundschaftsgericht soll alljährlich vom Vormunde **Rechnungslegung** über die Vermögensverwaltung fordern, soweit nicht ausnahmsweise der Vormund von der Rechnungsablage während bestehender Vormundschaft befreit ist (s. unten Nr. 4). Bei Verwaltungen von geringerem Umfange kann, wenn die Rechnung des ersten Jahres gelegt ist, die Frist für die folgenden auf zwei bis drei Jahre bestimmt werden. Mehrere zu ungetrennter Verwaltung (§ 9) bestellte Vormünder legen die Rechnung gemeinschaftlich.

Die Rechnung muß einen Vorbericht über den Ab- und Zugang des Vermögens während der Rechnungsperiode enthalten. Die erste Vormundschaftsrechnung gründet sich auf das bei Beginn der Vormundschaft aufgenommene Vermögensverzeichniß (§ 16). Der Vorbericht ist bestimmt, die Veränderungen, welche bis zur Rechnungsablage in dem aus dem Verzeichnisse bezw. bei späteren Rechnungsablagen aus den früheren Rechnungen sich ergebenden Vermögensbestande vorgekommen sind, darzulegen. Der Vorbericht muß daher auf das Vermögensverzeichniß bezw. den früheren Vorbericht Bezug nehmen. Um die Uebersicht zu vereinfachen, wird es sich, besonders wenn erhebliche Veränderungen, z. B. umfangreiche Verkäufe, stattgefunden haben, empfehlen, von Zeit zu Zeit statt des Vorberichtes ein ganz neues Vermögensverzeichniß der Rechnung beizufügen.

Die Rechnung, welche gewöhnlich (das Gericht bestimmt darüber) nach Schluß des Kalenderjahres abgelegt wird, ist vom Vormunde am Schluß mit der schriftlichen Erklärung zu versehen,

daß er alle Einnahmen verrechnet habe und außer den in der Rechnung aufgeführten vormundschaftlichen Vermögensstücken andere nicht verwahre.

Die Rechnung mit den Belegen ist vom Vormunde zunächst dem Gegenvormunde vorzulegen und diesem der aus der Rechnung sich ergebende Vermögensbestand nachzuweisen. Der Gegenvormund hat eintretendenfalls seine zu der Rechnung zu machenden Bemerkungen auf derselben zu verzeichnen und die Rechnung dem Vormunde zurückzugeben. Dieselbe ist alsdann dem Gerichte einzureichen und zwar in einem Exemplar. Eine Abschrift der Rechnung behält der Vormund entweder zurück oder er erbittet sich eine solche vom Gerichte.

Ueber die Einrichtung der Rechnung bestehen weitere gesetzliche Vorschriften nicht. Zur Anleitung für den Vormund ist in der Anlage B am Schluß dieses Werkes ein **Beispiel für Aufstellung einer Vormundschaftsrechnung** mitgetheilt, zu dessen Erläuterung und Ergänzung noch Folgendes bemerkt wird:

Anlage B.

Es müssen in der Rechnung alle Einnahmen und Ausgaben, welche in der Rechnungsperiode vorgekommen sind, verzeichnet sein. Bei jedem Posten ist das Datum beizufügen.

Bei Einnahmen ist der Grund derselben, soweit erforderlich, anzugeben; die etwa vorhandenen Belege (Auktionsprotokolle, Pachtverträge rc.) sind beizulegen.

Für jede Ausgabe, abgesehen von ganz unbedeutenden, bei

denen die Ausstellung einer Quittung nicht üblich oder schwer zu beschaffen, ist ein Beleg (Quittung 2c.) beizubringen.

Die Belege zur Einnahme sind zweckmäßig mit Buchstaben die zur Ausgabe mit Zahlen zu bezeichnen, und bei dem betreffenden Posten der Rechnung ist der Buchstabe oder die Zahl des zugehörigen Belegs anzugeben. Die Belege, sowie selbstverständlich die Rechnung selbst, sind zu heften; auch ist die Rechnung mit Seitenzahlen zu versehen.

Kommen in der Rechnung Ausgaben vor, welche einer besonderen Erläuterung bedürfen, so ist diese zu geben. Insbesondere ist das Erforderliche wegen der persönlichen Verhältnisse des Mündels, dessen Aufenthalt, Erziehung 2c. anzugeben, damit der Richter die Richtigkeit und Angemessenheit der dafür angesetzten Ausgaben prüfen kann. Am zweckmäßigsten wird es sein, wenn regelmäßig im Vorbericht der Rechnung eine kurze Mittheilung über die persönlichen Verhältnisse des Mündels gemacht wird.

Sind vom Gericht Erinnerungen (Monita) zur vorigen Rechnung gestellt und dieselben nicht schon in einem besonderen Termin oder durch schriftliche Erklärung erledigt worden, so muß die Rechnung die Beantwortung derselben, entweder im Eingange der Rechnung oder in einer Anlage, enthalten.

Wenn der Vormund selbst zur Aufstellung der Rechnung nicht befähigt ist, so muß er dieselbe durch einen Rechnungsverständigen aufstellen lassen. Unübersichtlich oder gar fehlerhaft aufgestellte Rechnungen machen dem Gerichte viel unnütze Mühe und dem Vormunde ärgerliche Weiterungen. Nothwendig ist es, daß der Vormund eine Abschrift der Rechnung zurückbehält oder sich eine solche vom Gerichte erbittet, da die eingereichte Rechnung bei den Gerichtsakten verbleibt.

Wenn die mehreren Mündel nicht mehr in ungetheilten Gütern sich befinden, so ist für jeden besondere Rechnung aufzustellen. Bei gemeinschaftlicher Rechnung sind die etwaigen besonderen Einnahmen und Ausgaben bezüglich jedes Mündels zwecks der demnächstigen Auseinandersetzung ersichtlich zu machen.

2. Ob und wie oft Rechnung gelegt werden soll, hat im einzelnen Fall das Gericht zu bestimmen. In Fällen,

wo eine eigentliche Vermögensverwaltung des Vormundes nicht stattfindet, daher eine förmliche Rechnungsablage nicht erfordert wird, hat der Vormund, wenn das Vormundschaftsgericht es verlangt, von Zeit zu Zeit eine Uebersicht des Vermögensbestandes einzureichen, welche vorher dem Gegenvormunde unter Nachweisung des Bestandes vorzulegen und von diesem mit seinen etwaigen Bemerkungen zu versehen ist. Die Uebersicht hat den Zweck, dem Gerichte einen Ueberblick über den gegenwärtigen Bestand des Vermögens zu verschaffen.

3. Das Gericht unterzieht die Vormundschaftsrechnung einer genauen Prüfung und theilt dem Vormunde etwaige Erinnerungen zur Abstellung mit. Der Vormund erhält nach Erledigung der Erinnerungen die Belege mit einem Vermerke des erfolgten Gebrauchs zurück; der Vormund hat dieselben sorgsam aufzubewahren, da sie demnächst der Schlußrechnung (§ 28) wieder beizufügen sind.

4. Befreiungen von der Rechnungsablage. Der Vater, die Mutter, der Ehemann, die Ehefrau (als Vormünderin über den großjährigen Ehemann) und die Großeltern des Mündels sind als Vormünder von der Rechnungslegung während der Vormundschaft frei. Auch derjenige ist zur Rechnungsablage nicht verpflichtet, welcher durch die dazu berechtigten Personen in gesetzlicher Weise davon befreit ist (s. § 25). Die Befreiungen dauern aber nur bis zur Beendigung der Vormundschaft; von der Ablegung der Schlußrechnung dem selbständig gewordenen Mündel oder seinen Erben gegenüber sind die vorgenannten Personen nicht befreit (vgl. den folgenden §).

Der Vater des Mündels (aber auch nur dieser allein)

ist ferner von der Einreichung der Vermögensübersicht (Nr. 2) befreit.

Wenn ein Erblasser die Offenlegung des Verzeichnisses seines Nachlasses verboten hat (§ 16), so wird über das hiervon betroffene Vermögen Rechnung nicht abgelegt und eine Vermögensübersicht nicht eingereicht.

§ 28. Schlußrechnung und Herausgabe des Mündelvermögens.

1. Ist das Amt des Vormundes beendet (§§ 8, 40 bis 42), so hat derselbe das von ihm verwaltete **Vermögen herauszugeben,** und zwar sofort, und binnen zwei Monaten über seine gesammte Verwaltung vom Beginn bis zur Beendigung der Vormundschaft **Schlußrechnung** zu legen. Die Herausgabe und Rechnungsablegung geschieht an den Mündel selbst oder dessen Erben; ist nur der Vormund ausgeschieden und ein anderer Vormund bestellt, so ist diesem Rechnung zu legen und das Vermögen auszuantworten. Haben mehrere Vormünder ungetheilt verwaltet, so legen sie die Rechnung gemeinschaftlich.

Die Schlußrechnung ist zunächst dem Gegenvormunde vorzulegen, welcher dieselbe mit seinen etwaigen Bemerkungen zu versehen hat, und sodann dem Vormundschaftsgerichte einzureichen. Dabei ist der gegenwärtige Aufenthaltsort, der Beruf des Mündels, bei weiblichen Mündeln der Name des etwaigen Ehemannes 2c. anzugeben. Das Gericht legt die Rechnung dem bisherigen Mündel bezw. dessen Rechtsnachfolger oder dem neuen Vormunde zur Erklärung vor und hat, wenn keine Ausstellungen gemacht werden, die Entlastung des gewesenen

Vormundes herbeizuführen. Zur Prüfung der Rechnung ist das Gericht nicht verpflichtet; diese ist vielmehr jetzt Sache des selbständig gewordenen Mündels bezw. der Erben oder des neu eintretenden Vormundes.

Der Vormund, welcher überhaupt Vermögen zu verwalten gehabt hat, ist unbedingt verpflichtet, eine Schlußrechnung abzulegen, auch der während der Dauer der Vormundschaft von der Rechnungslegung Befreite (s. vor. §); er kann hiervon selbst von den Eltern oder dem Erblasser des Mündels nicht entbunden werden. Dagegen kann allerdings der gewesene Mündel, nachdem er großjährig oder sonst wieder verfügungsfähig geworden ist, bezw. sein Rechtsnachfolger dem gewesenen Vormunde die Ablegung der Schlußrechnung erlassen oder auch mit ihm vereinbaren, daß die Rechnung privatim, ohne Vermittelung des Vormundschaftsgerichts, gelegt werden solle.

Auf die Vorbereitung der demnächstigen Schlußrechnung ist von demjenigen frühzeitig Bedacht zu nehmen, welcher während der Vormundschaft von der Rechnungslegung befreit war; der sorgsame Vormund wird bei irgendwie erheblicher Vermögensverwaltung oder bei längerer Dauer der Vormundschaft jedenfalls für sich über alle Einnahmen und Ausgaben Buch führen und die nöthigen Belege sammeln und aufbewahren, da er anderenfalls außer Stande sein könnte, eine ordnungsmäßige Schlußrechnung aufzustellen. Diese muß in übersichtlicher Weise unter Zugrundelegung des bei Beginn der Vormundschaft aufgenommenen Vermögensverzeichnisses alle Vorkommnisse der Vermögensverwaltung darlegen und den Bestand des an den gewesenen Mündel oder seinen Rechtsnachfolger auszuantwortenden Vermögens mit Klarheit ersichtlich machen. Hatte der Vormund während der Vormundschaft bereits regelmäßige Rechnungen abgelegt, so bedarf es einer die ganze Verwaltung umfassenden Schlußrechnung nicht, da die gedachten Rechnungen zusammen eben die Schlußrechnung bilden, welche nöthigenfalls nur bis zur Beendigung der Vormundschaft noch zu ergänzen ist.

Die Pflicht zur Legung der Schlußrechnung geht auf die Erben eines verstorbenen Vormundes und, wenn der Vormund in Konkurs gerathen ist, auf den Konkursverwalter über. Die zweimonatliche Frist beginnt für die Erben vom Todestage des Vormundes oder, wenn ihnen eine Ueberlegungsfrist zusteht, vom Anfange der letzteren.

2. Der bisherige Mündel, dessen Rechtsnachfolger oder der etwa neu bestellte Vormund sind verpflichtet, dem gewesenen Vormunde bezw. seinen Erben über treu und richtig geführte Vormundschaft und über die stattgehabte Ausantwortung des Vermögens Quittung und Entlastung zu ertheilen. Damit sie hierzu im Stande sind, haben sie das Recht, persönlich oder durch einen Bevollmächtigten die Vormundschaftsakten einzusehen, aus welchen sich alles auf die geführte Verwaltung Bezügliche ergiebt. Die Betheiligten werden in der Regel behufs der Ertheilung der Quittung und Entlastung zu einem gerichtlichen Termine vorgeladen. Halten sie sich nicht im Bezirk des Vormundschaftsgerichts auf, so wird dieses das Gericht des Aufenthaltsorts ersuchen, jene Erklärung von dem gewesenen Mündel ꝛc. entgegenzunehmen. Selbstverständlich können die Betheiligten behufs gründlicher Prüfung der vom Vormunde geführten Verwaltung sich eine ange-

messene Frist erbitten. Die Ertheilung der Quittung und Entlastung darf wegen einzelner, etwa gegen die Verwaltung oder die Rechnung zu erhebender, Ausstellungen nicht verweigert werden; es ist aber gestattet, wegen dieser letzteren einen Vorbehalt zu machen. Wird die Quittung und Entlastung schriftlich ertheilt, so muß der Vorbehalt in die Urkunde mit aufgenommen werden; sonst ist derselbe wirkungslos. Weigert der gewesene Mündel bezw. sein Rechtsnachfolger die Quittung und Entlastung, so kann zwar das Vormundschaftsgericht einen Zwang gegen ihn nicht anwenden; der gewesene Vormund ist jedoch berechtigt, die Erklärung im Prozeßwege herbeizuführen. Der letztere kann übrigens selbstverständlich auf förmliche Quittung und Entlastung verzichten oder sich mit dem gewesenen Mündel außergerichtlich auseinandersetzen, in welchem Falle beide Theile in dem anberaumten Termine nicht zu erscheinen brauchen.

Die Anerkennung der vom Vormunde abgelegten Schlußrechnung durch den Mündel rc. schließt übrigens den späteren Nachweis eines Irrthums oder Betruges in der Rechnung nicht aus.

§ 29. IV. Sicherheitsleistung seitens des Vormundes.

Vormünder, welche ein erhebliches Vermögen zu verwalten haben, können vom Vormundschaftsgericht zur Stellung einer Sicherheit angehalten werden. Die Art der Sicherheitsleistung sowie die Höhe des Betrages werden durch das Gericht bestimmt. Der Betrag kann jederzeit erhöht oder gemindert oder die Sicherheitsleistung ganz erlassen werden. Die Kosten sind selbstverständlich aus dem Mündelvermögen zu bestreiten. Die vom Vater oder der Mutter des Mündels nach § 25 angeordnete Befreiung des Vormundes von der Pflicht zur Sicherheitsstellung fällt weg, wenn Umstände eingetreten sind, welche nach dem Ermessen des Gerichts eine Sicherheitsstellung nothwendig machen. Ueber sonstige Befreiungen von der Sicherheitsleistung s. § 26.

Wird Jemand zu Uebernahme einer Vormundschaft berufen und eine Sicherstellung von ihm verlangt, so kann er aus diesem Grunde die Vormundschaft ablehnen; wird die Sicherstellung nachträglich verlangt, so kann er die Entlassung beantragen.

Wenn nach Beendigung der Vormundschaft Quittung und Entlastung ertheilt ist (§ 28), so ist die Sicherheit zurückzugeben und, wenn eine Hypothek bestellt war, vom Mündel bezw. dessen Rechtsnachfolger in deren Löschung zu willigen. Ist bei der Entlastung oder Quittung ein Vorbehalt gemacht, so entscheidet das Gericht, ob und wie viel von der Sicherheit zurückzubehalten oder von der Hypothek bestehen zu lassen sei.

§ 30. V. Schadloshaltung des Vormundes.

Das Amt des Vormundes ist ein Ehrenamt und wird in der Regel unentgeltlich geführt. Der Vormund kann daher keinen Ersatz dafür fordern, daß er durch seine vormundschaftliche Thätigkeit seine eigenen Geschäfte verabsäumt hat und ihm dadurch ein Verdienst entgangen oder ein Schaden erwachsen ist. Ebensowenig kann er für Wege, welche er in seiner Eigenschaft als Vormund gemacht hat, eine Entschädigung beanspruchen; für andere

Wege, welche er selbst gemacht hat, obwohl er sie auch durch einen Boten hätte besorgen lassen können, wird er sich die ortsübliche Vergütung berechnen dürfen. Auch kann der Vormund eine angemessene Bezahlung für solche, dem Mündel geleistete Dienste oder Arbeiten fordern, welche seinem (des Vormundes) Gewerbe oder Berufe angehören, z. B. der Vormund hat als Arzt den Mündel behandelt, als Handwerker Arbeiten für denselben geliefert 2c. Auslagen, welche der Vormund für den Mündel gemacht hat, erhält er aus dessen Vermögen ersetzt, z. B. aufgewandte Reisekosten, Portoauslagen, Vergütungen für Aufnahme des Inventars, Aufstellung oder Abschriften der Vormundschaftsrechnungen 2c.; die Auslagen müssen selbstverständlich durch die Verwaltung geboten gewesen sein.

Ausnahmsweise kann das Vormundschaftsgericht, nach Anhörung des Gegenvormundes, dem Vormunde auf seinen Antrag ein Honorar für seine Dienstführung zubilligen, wenn der Vormund eine besonders umfangreiche Vermögensverwaltung zu führen hat. Das Honorar, dessen Höhe das Vormundschaftsgericht bestimmt, wird entweder bei jedesmaliger Rechnungslegung oder im Ganzen bei Beendigung der Vormundschaft liquidirt werden können. Ein Recht auf ein Honorar hat der Vormund, wenn ihm ein solches vom Erblasser des Mündels zugebilligt ist.

Dem Vormunde eines Abwesenden (§ 1) oder eines Verschwenders kann auch bei nicht umfangreicher Verwaltung ein Honorar zugebilligt werden; ebenso dem Nachlaßpfleger (§ 44), während sonst für den Pfleger das über den Vormund Gesagte gilt. Ueber den Gegenvormund s. § 33.

§ 31. VI. Haftbarkeit des Vormundes für seine Amtsführung.

Der Vormund haftet dem Mündel für allen Schaden, welcher diesem daraus erwächst, daß jener bei der Verwaltung der Vormundschaft nicht diejenige Sorgfalt aufgewendet hat, welche ein ordentlicher Hausvater auf seine eigenen Angelegenheiten verwendet. Auch wenn in den Fällen, wo solches erforderlich (s. § 15), der Vormund zu einem Geschäft die Genehmigung des Gegenvormundes oder des Gerichts eingeholt hat, wird er dadurch doch von seiner Haftpflicht dem Mündel gegenüber keineswegs befreit. Es haftet vielmehr der Vormund trotz dieser Genehmigung für den Schaden, den er durch den Abschluß des Geschäfts schuldvollerweise dem Mündel zugefügt hat. Die Genehmigung bezweckt nur doppelte Sicherheit für den Mündel, dem zunächst der Vormund, in zweiter Linie der Gegenvormund bezw. des Vormundschaftsgericht haftet.

Verwalten mehrere Vormünder gemeinschaftlich, so sind alle solidarisch wegen des dem Mündel zugefügten Schadens für ihr Verschulden verhaftet, da in solchem Falle jeder Vormund für die ganze Verwaltung verantwortlich ist. Ist die Verwaltung unter die mehreren Vormünder seitens des Gerichts getheilt, so trägt jeder die Verantwortung nur für seinen Verwaltungstheil, vorausgesetzt, daß er nicht zugleich zum Gegenvormunde des anderen bestellt und als solcher zu dessen Beaufsichtigung verpflichtet ist.

Für Schaden, welcher den Mündel ohne Verschulden des Vormundes trifft, haftet dieser selbstverständlich nicht.

Dritter Abschnitt.

Von dem Gegenvormunde.

§ 32. I. Wann wird ein Gegenvormund bestellt?

Dem Vormunde kann vom Vormundschaftsgericht ein Gegenvormund zur Seite gestellt werden. Die Bestellung eines Gegenvormundes muß geschehen, wenn mit der Vormundschaft eine Vermögensverwaltung verbunden ist und nicht etwa mehrere Vormünder zu ungetrennter (§ 9) Verwaltung bestellt sind. Bei der Pflegschaft (§ 43) ist die Bestellung eines Gegenvormundes zulässig, aber nicht nothwendig. Neben dem gesetzlichen (§ 7) Vormunde wird im Allgemeinen ein Gegenvormund nicht bestellt. Ausnahmsweise wird, auch wenn Vermögen zu verwalten ist, ein Gegenvormund nicht bestellt, wenn der Vater oder die Mutter des Mündels in den gesetzlichen Formen und Voraussetzungen (§ 25) die Bestellung untersagt haben.

Ueber die Berufung und Bestellung des Gegenvormundes gelten ganz dieselben Grundsätze, wie über die Berufung und Bestellung des Vormundes; vergl. darüber das in den §§ 3—6 Gesagte.

§ 33. II. Rechte und Pflichten des Gegenvormundes.

1. Wie im § 14 auseinandergesetzt ist, liegt die Verwaltung des Mündelvermögens dem Vormunde ob. Der Gegenvormund nimmt an der Verwaltung unmittelbar nicht weiter Antheil, als daß er zu einigen wenigen, gesetzlich genau bestimmten Verwaltungsgeschäften des Vormundes seine Genehmigung zu ertheilen hat, widrigenfalls die Geschäfte für den Mündel unverbindlich sind. Siehe darüber das im § 15 Gesagte.

Ferner hat der Gegenvormund noch einige andere, ihm durch das Gesetz speziell zugewiesene Obliegenheiten zu erfüllen; das Nähere darüber s. unter Nr. 2 nachstehend (S. 65—67).

Außerdem aber liegt dem Gegenvormunde die allgemeine Verpflichtung ob, darauf zu achten, daß die Vermögensverwaltung des Vormundes ordnungsmäßig geführt werde. Er darf und muß daher von den auf die Verwaltung bezüglichen Geschäften und Verhandlungen Kenntniß nehmen, soweit diese Kenntniß erforderlich ist, um etwa vorkommende Ordnungswidrigkeiten des Vormundes entdecken und rügen zu können. Der Gegenvormund, welcher den Personen und Verhältnissen näher steht, als der Richter, und überdies seine Aufmerksamkeit nur auf eine oder wenige Verwaltungen zu richten hat, soll durch die von ihm auszuübende Kontrolle das Vormundschaftsgericht, welches die Aufsicht über die sämmtlichen vormundschaftlichen Verwaltungen seines Bezirks zu führen hat, unterstützen. Der Vormund darf Geschäfte, zu deren Gültigkeit es gesetzlich einer Genehmigung des Gegenvormundes oder des Gerichts (§ 15) nicht bedarf, nach eigenem Ermessen und ohne Rücksicht auf die Ansicht des Gegenvormundes vornehmen. Glaubt aber der letztere durch eine Maßnahme des Vormundes gesetzliche Vorschriften verletzt oder das Interesse des Mündels gefährdet, so muß er, falls nicht durch seine Einwirkung auf den Vormund Abhülfe zu erreichen ist, dem Vormundschaftsgerichte Anzeige machen.

Die Beaufsichtigung der persönlichen Verhältnisse, insbesondere der Erziehung, des Mündels liegt dem Gegenvormunde nicht ob; dieselbe ist vielmehr Sache des Waisenraths (§ 35) und des Vormundschaftsgerichts. Damit ist aber dem Gegenvormunde selbstverständlich nicht verwehrt, etwa von ihm wahrgenommene Uebelstände in dieser Beziehung zur Kenntniß des Waisenraths oder des Gerichts zu bringen.

Der Gegenvormund hat in seiner Amtsführung, gleich dem Vormunde, diejenige Sorgfalt anzuwenden, welche ein ordentlicher Hausvater auf seine eigenen Angelegenheiten verwendet. Das im § 31 über die Haftbarkeit des Vormundes Gesagte gilt auch für den Gegenvormund.

2. Die besonderen Rechte und Pflichten, welche das Gesetz dem Gegenvormunde auferlegt, sind folgende:

1) Er hat bei der Aufnahme des Vermögensverzeichnisses mitzuwirken; s. darüber § 16.

2) Er hat seine Zustimmung dazu zu ertheilen, in welcher Weise die verfügbaren Mündelgelder vom Vormunde zinsbar belegt werden sollen; s. das Nähere hierüber im § 17.

3) Er hat zu gewissen Geschäften des Vormundes seine Genehmigung zu ertheilen, widrigenfalls dieselben für

den Mündel unverbindlich sind. Diese Geschäfte sind im § 15 unter A aufgeführt.

4) Wenn der Vormund eine Handlung vornehmen will, zu welcher er der Genehmigung des Vormundschaftsgerichts bedarf (s. § 15 B), so soll das Gericht vor der Ertheilung der Genehmigung den Gegenvormund über die Sache hören. Auch hat das Gericht den Gegenvormund zu hören, ehe es dem Vormunde ein Honorar zubilligt (§ 30).

5) Der Gegenvormund ist, ebenso wie der Vormund, berechtigt, ehe das Gericht eine Anordnung in einer Vormundschaftsangelegenheit trifft, zu beantragen, daß drei von den näheren Verwandten oder Verschwägerten des Mündels, wenn sie ohne Verzug erreicht werden können, vom Gerichte gutachtlich über die Angelegenheit gehört werden.

6) Der Gegenvormund hat — und das ist eine seiner wichtigsten und verantwortlichsten Obliegenheiten — die von dem Vormunde abzulegenden Vormundschaftsrechnungen, ehe sie dem Gerichte eingeliefert werden, einer genauen Prüfung zu unterziehen und seine Bemerkungen zu derselben oder daß er nichts dabei zu erinnern gefunden habe, auf der Rechnung niederzuschreiben (s. Anlage B). Ueber die Rechnungsablage überhaupt s. § 27. Den aus der Rechnung sich ergebenden Vermögensbestand muß der Vormund dem Gegenvormunde bei der Vorlegung der Rechnung nachweisen. Ist dies nicht geschehen, so wird darüber dem Vormundschaftsgericht eine Mittheilung zu machen sein.

Wird vom Vormunde keine Rechnung abgelegt, sondern

nur von Zeit zu Zeit dem Gerichte eine Uebersicht des Vermögensbestandes eingereicht (s. § 27 Nr. 2), so gilt das vorstehend Gesagte auch für diese Vermögensübersicht.

7) Bei Beendigung der Vormundschaft hat der Gegenvormund die vom Vormunde abgelegte Schlußrechnung (s. § 28) zu prüfen und mit seinen etwaigen Bemerkungen zu versehen, auch dem Mündel oder dessen Rechtsnachfolger über die stattgehabte Vermögensverwaltung jede erforderte Auskunft zu geben.

8) Der Gegenvormund hat das Recht, zu beantragen, daß ein Familienrath gebildet wird (§ 36) sowie, wenn ein solcher besteht, daß derselbe zusammenberufen wird. Er kann selbst Mitglied des Familienraths werden.

9) Der Gegenvormund ist verpflichtet, im Falle des Todes des Vormundes dem Vormundschaftsgerichte Anzeige zu machen.

3. Die Amtsführung des Gegenvormundes unterliegt der Aufsicht des Vormundschaftsgerichts. Dasselbe kann Ordnungsstrafen über ihn verhängen (s. § 9).

Das Amt des Gegenvormundes wird unentgeltlich geführt. Ein Honorar kann ihm vom Gericht nicht zugebilligt werden; er kann nur dann ein solches beanspruchen, wenn der Erblasser des Mündels ein Honorar für ihn ausgesetzt hat. Auslagen werden ihm dagegen aus dem Mündelvermögen erstattet. Ueber diese und über dem Mündel geleistete gewerbliche Dienste vergl. das im § 30 vom Vormunde Gesagte, was auch für den Gegenvormund gilt.

4. Ueber das Aufhören des Amtes des Gegenvormundes (abgesehen von dem Falle der Beendigung der

Vormundschaft überhaupt; s. §§ 40—42) gilt dasselbe, was oben im § 8 vom Aufhören des Vormundsamtes gesagt ist. Ist der Gegenvormund verstorben, so haben die Erben desselben für die Sicherstellung der etwa in seinem Nachlasse befindlichen Vermögensstücke des Mündels zu sorgen. Die Erben sowohl wie der Vormund haben dem Vormundschaftsgerichte vom Tode des Gegenvormundes Anzeige zu machen.

Vierter Abschnitt.

Der Waisenrath.

§ 34. Bestellung des Waisenraths.

Waisenräthe sind Personen, welche das Vormundschaftsgericht bei der **Auswahl der Vormünder** zu unterstützen und die **Aufsicht über das persönliche Wohl der Mündel und deren Erziehung** zu führen haben.

Diese Unterstützung des Vormundschaftsgerichts in der Anordnung und Beaufsichtigung der Vormundschaften ist den Gemeinden übertragen, da diese ein ganz besonderes Interesse daran haben, daß die Mündel, welche ihnen angehören, zu brauchbaren Gliedern der menschlichen Gesellschaft erzogen werden. Die Waisenräthe werden daher von der Gemeinde bestellt; eine Mitwirkung des Gerichts findet dabei nicht statt. Für jeden Gemeinde- oder selbständigen Gutsbezirk werden ein oder mehrere Gemeindeglieder zu

Waisenräthen ernannt; bei größeren Gemeinden können für einzelne Theile der Gemeinde ein oder mehrere Waisenräthe bestellt werden. Andererseits kann Jemand auch für mehrere benachbarte Gemeindebezirke zum Waisenrathe ernannt werden.

Durch Beschluß der Gemeindebehörde kann das Amt des Waisenraths besonderen Abtheilungen der Gemeindeverwaltung übertragen und mit schon bestehenden Organen derselben (z. B. Armenkommissionen u. dergl.) verbunden werden. Die Gemeindebehörde bestimmt auch, ob die bestellten mehreren Waisenräthe die Geschäfte einzeln (jeder für seinen Bezirk) oder in Gemeinschaft führen sollen.

Bei selbständigen Gutsbezirken wird der Waisenrath vom Gutsvorsteher ernannt.

Das Amt des Waisenraths ist ein unentgeltliches Ehrenamt.

§ 35. Obliegenheiten des Waisenraths.

Der Waisenrath hat, wie bemerkt, bei der Auswahl der Vormünder und bei der Ueberwachung derselben mitzuwirken. Des Näheren gilt darüber Folgendes:

1. Es liegt dem Waisenrathe ob, dem Vormundschaftsgericht diejenigen Personen **vorzuschlagen**, welche im einzelnen Fall zur Bestellung als Vormund (§§ 3—6) oder als Gegenvormund (§ 32) geeignet erscheinen.

Hierzu ist zu bemerken: das Gericht hat nicht immer bei der Auswahl des von ihm zu bestellenden Vormundes oder Gegenvormundes freie Hand. Es sind oben im § 6 die Personen bezeichnet, welche, wenn nicht besondere Umstände entgegenstehen, ein Recht darauf haben, zum Vormunde oder Gegenvormunde bestellt zu werden; es sind dies insbesondere die (eheliche) Mutter (nicht auch die Stiefmutter) der Mündel und, wenn diese nicht mehr lebt, der Großvater väterlicher wie mütterlicher Seite (nicht die Großmutter). Erst wenn solche Personen, welche ein Recht auf die Vormundschaft haben, nicht vorhanden sind oder ablehnen oder aus sonstigen Gründen nicht zum Vormunde bestellt werden können, hat das Gericht mit Hülfe des Waisenraths anderweit einen Vormund (Gegenvormund) auszuwählen.

Zur Vereinfachung des geschäftlichen Verkehrs zwischen dem Waisenrath und dem Vormundschaftsgericht und zur Vermeidung lästigen Hin- und Herschreibens wird es zweckmäßig sein, wenn der Waisenrath, sobald der Fall vorliegt, daß ein Vormund vom Gericht ausgewählt werden muß, diesem unaufgefordert einen passenden Vormund (und, wenn Vermögen zu verwalten sein wird, auch einen Gegenvormund) in Vorschlag bringt. Es ist wünschenswerth, daß dabei gleich angegeben werde, daß die Mutter bezw. die Großväter der zu bevormundenden Kinder entweder nicht mehr leben oder die Vormundschaft ablehnen oder etwa aus besonderen Gründen zur Uebernahme der Vormundschaft unfähig oder nicht geeignet seien, damit der Richter die Sachlage sofort übersehen kann. Sollte dem Waisenrathe bekannt sein oder ihm auf Anfrage bei der Familie zur Kenntniß kommen, daß der Vater (oder die Mutter) der Mündel in einem Testament oder sonst (vergl. § 25) einen Vormund ernannt hat, so wird dem Vormundschaftsgerichte auch hierüber eine Mittheilung willkommen sein.

Zur Anzeige von Bevormundungsfällen, d. h. solchen Todes- oder Geburtsfällen, welche die Einleitung einer Vormundschaft nöthig machen, sind übrigens die Waisenräthe als solche nicht verpflichtet. Da ihnen aber die Sorge für alle Mündel ihres Bezirkes obliegt (s. unten Nr. 2), so wird es ihre Pflicht sein, im Interesse der zu Bevormundenden das Gericht jedenfalls dann zu benachrichtigen, wenn die Anzeige von den gesetzlich dazu Verpflichteten (siehe § 3 im Eingange) etwa verabsäumt werden sollte. Auch wenn ein Vormund oder Gegenvormund gestorben ist und die dazu Verpflichteten (vergl. §§ 8, 33 Nr. 2 a. E.) die rechtzeitige Anzeige an das Gericht unterlassen sollten, wird der Waisenrath dem Gerichte Mittheilung machen und geeignetenfalls gleich einen anderen Vormund (Gegenvormund) in Vorschlag bringen.

Mag nun der Waisenrath selbst die ersten Schritte thun oder die Aufforderung des Vormundschaftsgericht abwarten, so hat er bei der Namhaftmachung der zum Vormunde (Gegenvormunde) geeigneten Personen das Folgende zu berücksichtigen:

1) Es dürfen nicht solche Personen vorgeschlagen werden, welche gesetzlich zur Uebernahme einer Vormundschaft unfähig sind (vergl. § 4).

2) Es sollen zunächst Verwandte und Verschwägerte des Mündels, wenn solche dazu tauglich sind, zu Vormündern (Gegenvormündern) bestellt werden; auch soll thunlichst darauf gesehen werden, daß Vormund und Mündel demselben religiösen Bekenntniß angehören.

3) Daß die vorzuschlagende Person im Bezirke des Vormundschaftsgerichts wohne, ist nicht durchaus nothwendig;

doch haben auswärts Wohnende das Recht, die Vormundschaft abzulehnen. Es sind deshalb Auswärtige nur dann vorzuschlagen, wenn sie nicht zu entfernt wohnen oder sonst anzunehmen ist, daß sie das Vormundsamt freiwillig übernehmen werden.

4) Personen, welche aus sonstigen Gründen ein Ablehnungsrecht haben (§ 5), können zwar nichtsdestoweniger als Vormünder (Gegenvormünder) in Vorschlag gebracht werden, da es von ihrem Willen abhängt, ob sie von dem Ablehnungsrecht Gebrauch machen wollen; doch wird, um unnütze Weiterungen zu vermeiden, es sich empfehlen, solche Personen nicht vorzuschlagen, wenn vorauszusehen ist, daß sie die Uebernahme der Vormundschaft verweigern werden. Auch wird es in einzelnen Fällen nicht unzweckmäßig sein, für den Fall, daß der zuerst Vorgeschlagene ablehnen sollte, gleich eine andere Persönlichkeit zu bezeichnen.

5) Der Waisenrath hat sorgfältig zu prüfen, ob die von ihm zu bezeichnende Person in moralischer Hinsicht befähigt ist, das verantwortliche Amt eines Vormundes und Erziehers (§ 10) unmündiger Personen zu übernehmen. Er hat ferner, wenn es sich um eine Vermögensverwaltung handeln wird, auch zu berücksichtigen, daß der Vorgeschlagene nach seinen geistigen Anlagen und seinem Bildungsstande fähig sein muß, derartige Vermögensangelegenheiten zu besorgen. Die Verantwortlichkeit für die Auswahl des Vormundes liegt zunächst dem Waisenrathe ob, da dieser auf Grund seiner Kenntniß der Personen und der sonst in Betracht kommenden Verhältnisse am besten in der Lage ist, die geeignete Persön-

lichkeit zu ermitteln, und das Vormundschaftsgericht in den vorgedachten Beziehungen sich auf das Urtheil des Waisenrathes verlassen muß.

6) Es versteht sich von selbst, daß der Waisenrath auch dafür Sorge zu tragen hat, daß die Last der Vormundschaften auf alle dazu geeigneten Persönlichkeiten möglichst gleichmäßig vertheilt wird.

7) Der Waisenrath hat schließlich zu beachten, daß dem zu bestellenden Vormunde die ganze vormundschaftliche Verwaltung obliegt, während der Gegenvormund lediglich zur Kontrolle des Vormundes und Mitwirkung bei einzelnen Rechtsgeschäften (vergl. § 33) berufen ist, daß daher die Last einer Vormundschaft erheblich größer ist als die einer bloßen Gegenvormundschaft.

Auch wenn die Anordnung einer Pflegschaft nöthig wird (§§ 43, 44), hat der Waisenrath auf Ersuchen des Vormundschaftsgerichts diesem eine zur Uebernahme der Pflegschaft geeignete Persönlichkeit zu bezeichnen.

2. Der Waisenrath hat die **Aufsicht über das persönliche Wohl aller in seinem Bezirke wohnenden Mündel und über deren Erziehung** zu führen, insbesondere Mängel und Pflichtwidrigkeiten, welche er bei der körperlichen oder sittlichen Erziehung derselben wahrnimmt, dem Vormundschaftsgerichte anzuzeigen, sowie demselben auf Erfordern über die Person der Mündel jede Auskunft zu ertheilen. Es ist also die Pflicht des Waisenraths, sich über die persönlichen Verhältnisse der gedachten Mündel in fortlaufender Kenntniß zu erhalten, in geeigneten Fällen sich von deren körperlicher Wohlfahrt durch persönlichen

Augenschein zu überzeugen, auf Schul- und Kirchenbesuch der Mündel sein Augenmerk zu richten u. s. w. Er hat das Recht, zu diesem Behufe von den Vormündern und Müttern jede erforderliche Auskunft zu verlangen. Den Vormündern oder Müttern Anweisungen in Bezug auf die Erziehung zu ertheilen, ist der Waisenrath nicht befugt; es bleibt ihm nur übrig, wenn es ihm nicht gelingt, etwa entdeckten Mängeln durch Rathschläge, Ermahnungen u. s. w. Abhülfe zu verschaffen, dem Vormundschaftsgerichte Anzeige zu machen. Das Recht des Waisenraths, die Erziehung zu beaufsichtigen, wird überhaupt, um den erstrebenswerthen Erfolg zu sichern, in thunlichst schonender Weise auszuüben sein.

Der Waisenrath ist auch vom Vormundschaftsgericht gutachtlich zu hören, wenn es sich darum handelt, ob der Mutter des Mündels die Erziehung abgenommen werden müsse. Vergl. überhaupt über die Erziehung des Mündels das im § 10 Gesagte.

Damit der Waisenrath das Aufsichtsrecht ausüben könne, theilt ihm das Gericht nach Einleitung jeder Vormundschaft die Namen der Mündel und der bestellten Vormünder mit. Jede Mittheilung wird auf einem besonderen Bogen gemacht, welchen der Waisenrath zweckmäßig zu den nöthigen Privatnotizen über die betreffende Vormundschaft benutzen wird. Wenn für ein uneheliches Kind der Großvater (der Vater der unehelichen Mutter) oder wenn für einen Mündel, welcher in eine Verpflegungsanstalt aufgenommen ist, der Vorstand dieser Anstalt die Rechte und Pflichten des gesetzlichen Vormundes wahrnimmt (s. darüber § 7), so erhält der Vormund hierüber gleichfalls eine Anzeige vom Gericht, damit er auch hier sein Aufsichtsrecht ausüben kann. Wenn dem Waisenrath bezüglich eines unehelichen Kindes eine solche Anzeige zugeht, so wird es zweckmäßig sein, daß er den Großvater darauf aufmerksam macht, daß er gesetzlicher Vormund des Kindes seiner Tochter sei, was diesem meist unbekannt sein wird, da gesetzliche Vormünder vom Gerichte keine besondere Benachrichtigung erhalten. Sollte sich der Großvater zum Vormunde nicht (oder nicht mehr) eignen, so ist dem Gerichte darüber Mittheilung zu machen.

Ueber die Erziehung eines Kindes seitens des Vaters, auch wenn dieser gesetzlicher Vormund (§ 7) ist, hat der Waisenrath keine Aufsicht zu führen. Sollte jedoch ein Vater die Erziehung seines Kindes gänzlich vernachlässigen, so wird es nicht unnütz sein, wenn der Waisenrath dem Gerichte Anzeige davon macht, welches sich dann vielleicht veranlaßt sehen wird, dem Vater die Erziehung abzunehmen und eine Pflegschaft anzuordnen.

Wird die Wohnung des Mündels in eine andere Gemeinde oder in einen anderen Waisenrathsbezirk verlegt, so ist der Vormund verpflichtet, dieses dem Waisenrath anzuzeigen; der letztere hat alsdann den Waisenrath des neuen Aufenthaltsorts zu benachrichtigen, damit dieser nunmehr die Aufsicht über den Mündel übernehme; denn der Waisenrath ist nur zuständig für die Beaufsichtigung der Mündel, welche in seinem Bezirke wohnen d. h. regelmäßig sich aufhalten.

3. Schließlich ist noch darauf hinzuweisen, daß die Vermögensverwaltung des Vormundes der Beaufsichtigung des Waisenraths nicht unterliegt. Daraus

folgt auch, daß der Waisenrath mit dem Gegenvormunde, welcher lediglich zur Beaufsichtigung und Unterstützung der Vermögensverwaltung des Vormundes bestellt wird, nichts zu thun hat.

Die geschäftlichen Mittheilungen der Waisenräthe an die Vormundschaftsgerichte sind, wenn sie durch die Post vermittelt werden, zu frankiren, da die Gerichte unfrankirte Sendungen nicht annehmen. Das Porto fällt den Gemeinden zur Last; eine Verpflichtung der Vormundschaften zur Erstattung desselben besteht nicht.

Fünfter Abschnitt.

Familienrath.

§ 36. Was ist und soll der Familienrath?

Der Familienrath ist eine aus männlichen Verwandten und Verschwägerten des Mündels unter dem Vorsitze des Vormundschaftsrichters gebildete, mindestens aus drei, höchstens aus sechs Personen bestehende Vormundschaftsbehörde, welche, wenn und solange sie existirt, in allen Beziehungen an die Stelle des Vormundschaftsgerichts tritt. Der Familienrath hat darnach insbesondere die Aufsicht über die gesamte Thätigkeit des Vormundes und des Gegenvormundes zu führen, die erforderlichen Genehmigungen zu den im § 15 bezeichneten wichtigeren Verwaltungsgeschäften zu ertheilen, überhaupt alle diejenigen auf die vormundschaftliche Verwaltung bezüglichen Anordnungen zu treffen, welche sonst dem Vormundschaftsgerichte obliegen würden. Eine verwaltende Behörde ist aber der Familienrath ebensowenig wie das Gericht; die Verwaltung ist vielmehr auch beim Vorhandensein eines Familienraths lediglich Sache des Vormundes; es gilt in dieser Beziehung ganz das im § 14 über das Verhältniß zwischen Vormund und Vormundschaftsgericht Gesagte.

Die Bildung eines Familienrathes wird sich dann empfehlen, wenn eine größere Verwaltung dem Vormunde obliegt; hier wird zur Beaufsichtigung des letzteren und zur Begutachtung der von ihm beabsichtigten wichtigeren Verwaltungsakte statt des Richters, welchem meist die wünschenswerthe Fachkunde abgehen wird, ein aus sachverständigen oder doch mit den speziellen Verhältnissen vertrauteren Männern gebildeter Familienrath ersprießlichere Dienste leisten.

§ 37. Bildung des Familienraths.

Ein Familienrath wird gebildet:

1. wenn der Vater oder die Mutter des Mündels in gehöriger Form solches angeordnet haben (§ 25);

2. wenn drei Personen, welche mit dem Mündel bis zum dritten Grade verwandt oder verschwägert sind, die Bildung beantragen;

3. wenn der Vormund oder der Gegenvormund die Bildung beantragen.

Der Familienrath besteht aus Verwandten und Verschwägerten des Mündels. Andere Personen können ausnahmsweise berufen werden, wenn der Vater oder die Mutter des Mündels in gehöriger Form sie ernannt haben (§ 25) oder wenn ein schon bestehender Familienrath sie beruft. Die Mitglieder des Familienraths müssen gesetzlich fähig zur Führung einer Vormundschaft sein (§ 4). Zum Eintritt in den Familienrath kann Niemand gezwungen werden.

Der Gegenvormund kann Mitglied des Familienraths sein; der Vormund nicht.

Soweit die Mitglieder des Familienraths nicht durch den Vater oder die Mutter ernannt sind oder die von diesen Ernannten nicht eintreten oder Mitglieder ausscheiden, erfolgt die Berufung der Mitglieder bis zur Sicherstellung der Beschlußfähigkeit (s. unten) durch den Vormundschaftsrichter nach Anhörung von Verwandten und Verschwägerten des Mündels, sofern dieselbe ohne Verzug geschehen kann. Darüber, ob und welche Personen außerdem etwa berufen werden sollen, hat der so gebildete Familienrath selbst zu beschließen.

Die Mitglieder des Familienraths werden vom Vormundschaftsrichter bestellt und zwar durch Verpflichtung auf treue und gewissenhafte Führung ihres Amts mittels Handschlags an Eidesstatt.

Der Familienrath ist nur bei Anwesenheit des Vorsitzenden (des Vormundschaftsrichters) und zweier Mitglieder beschlußfähig. Besteht derselbe nur aus dem Vorsitzenden und zwei Mitgliedern, so sind, um bei Behinderung eines Mitgliedes Beschlußunfähigkeit zu verhüten, ein oder zwei Ersatzmitglieder zu berufen; zugleich muß die Reihen=

folge bestimmt werden, in welcher dieselben geeigneten Falls einzutreten haben.

§ 38. Berufung des Familienraths und Beschlußfassung durch denselben.

Der Familienrath wird durch den Vormundschaftsrichter zur Beschlußfassung oder sonstigen Thätigkeit zusammenberufen. Es geschieht dies auf den Antrag zweier Mitglieder oder des Vormundes oder des Gegenvormundes, kann aber auch ohne Antrag von Amtswegen geschehen. Alle Mitglieder sollen schriftlich oder mündlich durch den Vormundschaftsrichter eingeladen werden.

Bei der Beschlußfassung entscheidet die Mehrheit der Stimmen der Anwesenden. Bei Stimmengleichheit giebt die Stimme des Vormundschaftsrichters den Ausschlag.

Zum Nachweise eines gültigen Beschlusses genügt die Unterschrift des Vormundschaftsrichters. Der Vormund kann verlangen, daß ihm die Beschlüsse des Familienraths schriftlich zugehen.

Wird in einer vormundschaftlichen Angelegenheit ein sofortiges Einschreiten der vormundschaftlichen Aufsichtsbehörde erforderlich, so kann der Vormundschaftsrichter die nöthigen Anordnungen einstweilen treffen; er ist aber verpflichtet, den Familienrath unverzüglich zusammenzurufen, um diesen von der getroffenen Verfügung in Kenntniß zu setzen und über die weiter zu ergreifenden Maßregeln einen Beschluß herbeizuführen.

Gegen die Beschlüsse des Familienraths findet Beschwerde statt wie gegen die Beschlüsse des Vormundschaftsgerichts.

§ 39. Sonstiges.

Die Mitglieder des Familienraths können aus denselben Gründen, wie ein Vormund (vergl. § 8), entsetzt oder entlassen werden. Die entsetzende u. s. w. Behörde ist das Beschwerdegericht (Landgericht).

Gegen Mitglieder des Familienraths, welche ohne genügende Entschuldigung ausbleiben, kann der Vormundschaftsrichter eine Ordnungsstrafe bis zum Betrage von 100 M. verhängen. Gegen die Verhängung der Strafe ist Beschwerde zulässig.

Wenn es an der erforderlichen Anzahl von zum Familienrath geeigneten Personen fehlt, so wird ein Familienrath überhaupt nicht gebildet. Fehlt es an Personen zur Ersetzung der aus einem bestehenden Familienrath ausscheidenden Mitglieder, so löst sich der Familienrath auf und das Vormundschaftsgericht tritt in seine Stelle. Von der Auflösung des Familienraths soll das Gericht die bisherigen Mitglieder, den Vormund und den Gegenvormund in Kenntniß setzen. Auch erhalten in solchem Falle der Vormund und der Gegenvormund eine neue Bestallung (§ 3), wogegen die alte zurückzugeben ist.

Sechster Abschnitt.

Beendigung der Vormundschaft.

§ 40. Großjährigkeit des Mündels.

Die Vormundschaft über einen minderjährigen Mündel hört auf, sobald durch den Eintritt desselben in das Alter der Großjährigkeit (mit Vollendung des 21. Lebensjahres) der Grund zur Vormundschaft in Wegfall gekommen ist. In Folge der Verheirathung des Mündels tritt die Großjährigkeit nicht ein. Eine Verlängerung dieser Vormundschaft über das Alter der Großjährigkeit hinaus ist nicht zulässig, insbesondere auch nicht (wie früher in den alten Provinzen) auf Grund einer letztwilligen Anordnung des Vaters. Der Mündel wird mit dem Tage der erlangten Großjährigkeit selbständig und verfügungsfähig, wenn auch die Abgabe der Quittungs- und Entlastungserklärung an den gewesenen Vormund erst später eintritt (vergl. § 28). Der Vormund wird sich jedoch unter Umständen nicht sogleich der vormundschaftlichen Verwaltung gänzlich entschlagen, sondern im Interesse des gewesenen Mündels laufende Geschäfte fortführen, bis er sie diesem übergeben hat; selbstverständlich hat er den Mündel auch unverzüglich über die Lage seiner Angelegenheiten in Kenntniß zu setzen, ihn auf etwaige schleuniger Erledigung bedürfende Geschäfte hinzuweisen 2c. Auch ist er seiner Pflichten nicht eher entledigt, als bis er ordnungsmäßig Schlußrechnung abgelegt (§ 28) und das Vermögen dem Mündel überantwortet hat.

Ist der großjährig gewordene Mündel abwesend oder geisteskrank oder durch Taubheit, Stummheit oder Blindheit an der Besorgung seiner Rechtsangelegenheiten behindert, so hat an die Stelle der bisherigen Vormundschaft über den Minderjährigen (sg. Altersvormundschaft) eine Vormundschaft über Großjährige zu treten (s. § 1 Nr. 2). Der Vormund hat die Sachlage dem Vormundschaftsgerichte zeitig vorzutragen und abzuwarten, ob er selber als Vormund beibehalten oder ein anderer Vormund bestellt wird.

Wird von mehreren Mündeln Einer großjährig, so scheidet dieser aus der im Uebrigen fortbestehenden Vormundschaft aus. Ob sofort eine Vermögensauseinandersetzung mit dem großjährig Gewordenen herbeizuführen ist, hängt von dem pflichtmäßigen Ermessen des Vormundes ab, falls nicht der Großjährige sie verlangt, wozu er regelmäßig befugt sein wird. Sind ausstehende Kapitalien vorhanden, so wird sich häufig eine sofortige Theilung derselben empfehlen; jedenfalls ist der Vormund nicht verpflichtet, den Antheil des Großjährigen ferner zu verwalten. Soll eine Auseinandersetzung stattfinden, so ist vom Vormunde ein genauer Auseinandersetzungsplan aufzustellen und derselbe zunächst dem Gegenvormunde und sodann dem Vormundschaftsgerichte zur Genehmigung (s. § 15 B Nr. 4) vorzulegen.

§ 41. Großjährigkeitserklärung.

Der Mündel kann, bevor er das Alter der Großjährigkeit (21 Jahre) erreicht hat, aus besonderen Gründen für großjährig erklärt werden. Er muß jedoch das achtzehnte Lebensjahr zurückgelegt haben. Die Großjährigkeitserklärung erfolgt nur mit Einwilligung des Mündels. Auch sind vorher Verwandte und Verschwägerte desselben über die Zweckmäßigkeit der Großjährigkeitserklärung unter den oben im § 24 angegebenen Voraussetzungen vom Gericht anzuhören.

Die Großjährigkeitserklärung kann vom Mündel selbst oder vom Vormunde für ihn beantragt werden. In dem schriftlichen oder mündlichen Antrage sind die Gründe genau anzugeben. Das Gericht stellt eine Sachuntersuchung an und entscheidet nach pflichtmäßigem Ermessen. Gegen die Entscheidung ist Beschwerde an das Landgericht zulässig.

Der für großjährig Erklärte hat alle Rechte der Großjährigen; die Vormundschaft über ihn hört auf.

§ 42. Sonstige Gründe der Vormundschaftsbeendigung.

Die Vormundschaft endet selbstverständlich mit dem Tode des Mündels. Waren mehrere Mündel (Geschwister) vorhanden, so werden, wenn der verstorbene Mündel nicht etwa Nachkommenschaft hinterläßt, die überlebenden Mündel allein oder mit Anderen (der Mutter, großjährigen Geschwistern) zusammen den Verstorbenen beerben; im letzteren Falle wird der Vormund zu prüfen haben, ob es nicht zweckmäßig ist, die Auseinandersetzung wegen des Nachlasses alsbald vorzunehmen (s. § 22). War der Verstorbene der einzige Mündel, so ist mit dem Tode selbstverständlich das Amt des Vormundes als solchen beendet. Es tritt alsdann für ihn die Verpflichtung ein, den Erben des Mündels Schlußrechnung zu legen und das Mündelvermögen herauszugeben (s. § 28).

Die Vormundschaft hört ferner auf, wenn der Mündel (wieder) in die väterliche Gewalt eintritt, z. B. wenn der unehelich geborene Mündel durch Verehelichung seiner Eltern die Rechte eines ehelichen Kindes erlangt, oder wenn die Bevormundung des Vaters, welche die Einleitung der Vormundschaft über die Kinder veranlaßt hatte, aufgehört hat.

Durch die Verheirathung des Mündels wird die Vormundschaft nicht beendet.

Die Vormundschaft über einen Großjährigen hört insbesondere auf, wenn der Grund zu deren Einleitung gehoben, z. B. wenn der Geisteskranke geheilt oder wenn die Entmündigung wegen Verschwendung wiederaufgehoben ist ꝛc. Die Vormundschaft über einen Abwesenden (§ 1 Nr. 2) hört auf, wenn der Abwesende zurückkehrt oder wenn er einen Bevollmächtigten ernennt oder wenn festgestellt wird, daß er weder an der Rückkehr noch an der Ernennung eines Bevollmächtigten gehindert ist, endlich dann, wenn der Abwesende für todt, für verschollen (oder im Bezirke des Oberlandesgerichts zu Cöln für „abwesend") erklärt worden ist. In allen diesen Fällen wird übrigens der vorsichtige Vormund, ehe er die vormundschaftlichen Geschäfte niederlegt, erst die Anweisung des Vormundschaftsgerichts einholen.

Siebenter Abschnitt.

Von der Pflegschaft.

§ 43. Wesen und Zweck der Pflegschaft. Rechte und Pflichten des Pflegers.

Die **Pflegschaft** unterscheidet sich von der Vormundschaft (für Minderjährige, wie für Großjährige) dadurch, daß sie nur für bestimmte Angelegenheiten des Mündels (Pfleglings) und meist nur auf kürzere Zeit, oder überhaupt gar nicht mit Rücksicht auf eine bestimmte Person, sondern für eine gewisse Vermögensmasse angeordnet wird. Neben dem Pfleger kann der Schutz und die Vertretung einer Person im Uebrigen von einem ständigen Vertreter, sei dies nun der im Besitz der väterlichen Gewalt befindliche Vater oder ein bestellter oder gesetzlicher Vormund, wahrgenommen werden. Im Ganzen ist die Stellung des Pflegers sowie das Maß seiner Rechte und Pflichten der des Vormundes gleich, insoweit sich nicht im einzelnen Fall aus dem Zwecke, zu welchem die Pflegschaft überhaupt angeordnet worden, Abweichungen ergeben. Zu welchem Zwecke der Pfleger bestellt worden und welches der Kreis seiner Geschäfte ist, darüber muß die ihm ertheilte Bestallung (§ 3) das Nöthige erkennen lassen. Mit der vorgedachten Einschränkung findet alles das, was im Vorgehenden über die Vormundschaft und den Vormund gesagt ist, auf die Pflegschaft und den Pfleger entsprechende Anwendung.

Die Anordnung einer Pflegschaft kann aus sehr verschiedenen Gründen erfolgen; sie wird besonders dann erforderlich, wenn der Vater oder der Vormund aus irgend welchem thatsächlichen Anlaß, z. B. weil er abwesend oder krank ist, oder aus rechtlichen Gründen, z. B. weil es sich um Führung eines Prozesses oder um Erledigung von Rechtsgeschäften zwischen Vater und Hauskind oder zwischen Vormund und Mündel handelt, die Vertretung des Pflegebefohlenen nicht wahrnehmen kann. Auch kann der Fall eintreten, daß die Interessen mehrerer Mündel, z. B. Geschwister, welche einen und denselben Vormund haben, in irgend welcher Angelegenheit so sehr auseinandergehen, daß zur Regulirung der Sache jedem Mündel ein besonderer Pfleger bestellt werden muß, welcher alsdann lediglich das Interesse seines Pflegebefohlenen wahrzunehmen hat. Endlich kann es auch vorkommen, daß die Interessen des Vormundes und des Mündels sich widerstreiten, so daß das Gericht sich veranlaßt sieht, bis zum Austrage der Angelegenheit dem Mündel einen Pfleger beizuordnen. Selbstverständlich ist in solchem Falle der Vormund verpflichtet, unter Darlegung des Sachverhältnisses die Bestellung eines Pflegers beim Gerichte zu beantragen.

Außerdem können überhaupt Personen, welche selbst zu handeln außer Stande sind und der väterlichen oder vormundschaftlichen Vertretung entbehren, für einzelne Angelegenheiten oder für einen bestimmten Kreis von Angelegenheiten vom Vormundschaftsgericht einen Pfleger beigeordnet erhalten. Es kann dies von Amtswegen geschehen, wie auch auf begründet befundenen Antrag des Schutzbedürftigen selbst oder dritter Personen.

Von einigen besonderen Arten der Pflegschaft ist im folgenden § die Rede.

Die Pflegschaft **hört auf**, wenn der Grund, welcher zu ihrer Anordnung geführt hat, weggefallen ist, z. B. wenn die Abwesenheit oder die Krankheit des Vormundes gehoben ist, wenn das besondere Rechtsgeschäft, zu dessen Abschluß der Pfleger bestellt wurde, abgewickelt ist, wenn die streitige Angelegenheit zwischen den mehreren Mündeln regulirt ist 2c. Die Beendigungsgründe sind daher sehr mannigfaltig und dem Pfleger ist anzurathen, sich seines Amtes nicht eher für entbunden zu erachten, als bis er vom Gerichte entlassen ist.

Dem Pfleger wird regelmäßig ein **Gegenvormund** (Gegenpfleger) nicht beigeordnet.

Ueber die **Entschädigung** des Pflegers für seine Mühewaltung gilt das im § 30 Gesagte.

§ 44. Besondere Arten der Pflegschaft.

1. Wenn Jemand, der einer in väterlicher Gewalt oder unter Vormundschaft stehenden Person schenkweise oder durch Testament, Vermächtniß 2c. eine **Zuwendung** macht, dabei ausdrücklich bestimmt, daß das zugewendete Vermögen **nicht in die Verwaltung des Vaters oder des Vormundes gelangen soll**, so muß für die Verwaltung dieses Vermögens vom Vormundschaftsgericht ein **Pfleger** bestellt werden. Hat derjenige, welcher die Zuwendung machte, eine bestimmte Person als Verwalter be-

nannt, so ist diese als Pfleger zu bestellen, falls nicht besondere Gründe entgegenstehen (s. §§ 4 und 6). Der Schenkgeber oder Erblasser kann auch anordnen, daß der von ihm benannte Pfleger von der Verpflichtung zur Rechnungsablage während der Dauer der Pflegschaft (nicht auch zur Rechnungsablage nach beendeter Pflegschaft, § 28), zur Sicherheitsleistung und Einholung der Genehmigung des Gegenpflegers (wenn ein solcher überhaupt vorhanden) oder des Vormundschaftsgerichts zu gewissen Rechtsgeschäften (welche er sonst, gleichwie der Vormund, einholen müßte, vergl. § 15) befreit sein soll.

2. Geht ein Frauenzimmer mit einem Kinde schwanger, welches, wenn es schon geboren wäre, nicht unter väterlicher Gewalt stehen würde (z. B. das Frauenzimmer ist unverehelicht oder der Ehemann verstorben), so ist auf den Antrag der Schwangeren oder desjenigen, dessen Rechte durch eine mögliche Geburt betroffen werden, oder auch in geeigneten Fällen von Amtswegen ein Pfleger für das zu erwartende Kind zu bestellen. Derselbe hat die Rechte des Kindes zu wahren, insbesondere etwaige Erbansprüche desselben sicher zu stellen. Zur Erhaltung des Kindes hat der Pfleger auch für die Alimentation der Mutter Sorge zu tragen. Der Pfleger des zu erwartenden Kindes kann geeigneten Falls zugleich zum Nachlaßpfleger (s. Nr. 3) bestellt werden.

3. Ist Jemand ohne bekannte Erben mit Hinterlassung von Vermögen verstorben, so bestellt das Gericht zur Erhaltung des Nachlasses und zur Ausmittelung der Erben einen Pfleger. Die Haupt-

obliegenheit desselben ist, das den Nachlaß bildende Vermögen dem oder den noch zu ermittelnden Erben zu erhalten. Der Nachlaßpfleger ist daher befugt, alle für diesen Zweck erforderlichen Handlungen vorzunehmen; er hat aber nicht ohne Weiteres alle Verwaltungsbefugnisse des Vormundes. Einem Nachlaßpfleger kann auch bei nicht umfangreicher Vermögensverwaltung ein Honorar vom Gerichte zugebilligt werden.

Achter Abschnitt.

Kosten.

§ 45. Von den Kosten in Vormundschafts- (Pflegschafts-) Sachen.[5])

1. Für die Leitung und Beaufsichtigung der Vormundschaften (Pflegschaften) sind dem Staate Gebühren zu entrichten, deren Höhe sich im Allgemeinen nach den Vermögensverhältnissen des Mündels richtet. Es sind zu unterscheiden:

a. die Gebühr für die Leitung und Beaufsichtigung der Vormundschaft (Pflegschaft) überhaupt;

b. die daneben zu entrichtende Gebühr für die Abnahme der Vormundschaftsrechnungen.

---

[5]) Gesetz, betr. die Kosten, Stempel und Gebühren in Vormundschaftssachen, vom 21. Juli 1875.

Zu a. In allen Vormundschafts- und Pflegschaftssachen [6]) (ausgenommen die gesetzliche Vormundschaft, [7]) § 7) sind Gebühren zu entrichten, wenn das Vermögen des Mündels mehr als 150 Mark beträgt. Ist letzteres nicht der Fall, so wird die Vormundschaft (Pflegschaft) kostenfrei behandelt.

Die Gebühr beträgt:

von je 50 M. des Betrages bis zu 300 M.,
von je 100 M. des Mehrbetrages bis zu 600 M.,
von je 150 M. des Mehrbetrages bis zu 1500 M.,
von je 300 M. des Mehrbetrages

funfzig Pfennige.

Der Berechnung wird der Kapitalbetrag des Mündelvermögens zu Grunde gelegt, auf welches sich die Vormundschaft oder Pflegschaft erstreckt, und zwar desjenigen Vermögens, welches bei Beendigung der Vormundschaft (Pflegschaft) noch vorhanden ist; denn die Kosten werden erst nach beendigter Vormundschaft erhoben. Außer den bereits erwähnten, von Kostenzahlung freizulassenden, 150 M. müssen dem gewesenen Mündel auch das Bettzeug, die Kleidungsstücke und Geräthschaften, welche ihm zu seinem persönlichen Gebrauch etwa schon verabfolgt oder angeschafft sind, belassen werden. Der demzufolge nicht einzuziehende Betrag der Kostenschuld wird niedergeschlagen.

Zu b. Außer der vorstehend unter a. gedachten allgemeinen Gebühr wird von den jährlichen Revenüen

---

[6]) Wenn die Pflegschaft nur zur Wahrung einzelner Geschäfte eingeleitet ist, tritt ein geringerer Kostensatz ein.

[7]) Bei den gesetzlichen Vormundschaften wird nur in besonderen Fällen eine geringe Gebühr erhoben.

desjenigen Vermögens, über dessen Verwaltung dem Vormundschaftsgerichte Rechnung abgelegt werden muß (§ 27), eine Gebühr erhoben, welche

von je 20 M. des Revenüenbetrages bis zu 300 M.,
von je 30 M. des Mehrbetrages bis zu 600 M.,
von je 60 M. des Mehrbetrages bis zu 1500 M.,
von je 120 M. des Mehrbetrages

zwanzig Pfennige beträgt.

Dabei werden statt spezieller Berechnung die jährlichen Revenüen zu drei Prozent des Kapitalvermögens nach Abzug der Schulden angenommen und das angefangene Kalenderjahr sowohl am Anfange als am Ende der Verwaltung voll gerechnet. Die Gebühr wird regelmäßig nach Eingang und Abnahme der Rechnung erhoben. Kann sie jedoch aus den nach Bestreitung des Unterhalts und der Erziehung etwa übrig bleibenden Ueberschüssen der Revenüen des Vermögens nicht gedeckt werden, so wird sie einstweilen gestundet und nachträglich erhoben, sobald aus der Rechnung ein ausreichender Ueberschuß sich ergiebt.

2. Außer den vorgedachten Kosten und außer den etwa entstehenden baaren Auslagen und Kalkulaturgebühren sowie den Kosten eines etwa gerichtlich aufgenommenen Vermögensverzeichnisses (§ 16) dürfen für Verhandlungen und Verfügungen, welche von den Vormundschaftsgerichten als solchen oder behufs Sicherstellung, Verwaltung oder Beaufsichtigung des Mündelvermögens von den Erbtheilungsbehörden vorgenommen oder erlassen werden, sowie für Auseinandersetzungen über den Nachlaß des Vaters oder der unehelichen Mutter oder desjenigen, durch dessen Tod die Vormundschaft oder Pflegschaft nöthig geworden

ist, einschließlich der Ermittelung des Nachlasses und des Erblegitimationsverfahrens, bei Vormundschaften und Pflegschaften keine Kosten angesetzt werden. Sind bei solchen Geschäften andere Personen betheiligt, so müssen diese die für derartige Geschäfte in anderen Fällen bestimmten Kosten nach Verhältniß ihres Antheils entrichten.

Anlage A.

Vermögensverzeichniß

über

das sämmtliche Vermögen der minderjährigen Kinder des weiland Bauergutsbesitzers A. zu H.

Aufgenommen

(in Gegenwart der Wittwe A geb. D. und des großjährigen Heinrich A., beide zu H.)

am .... von dem Vormunde, Halbhöfner N. zu H., unter Buziehung des Gegenvormundes, Gastwirths P. daselbst.

Das Vermögen der Mündel besteht in deren Antheile an dem Nachlasse ihres vorgenannten Vaters, wie solcher nachstehend verzeichnet ist (bei welchem außer ihnen der großjährige Heinrich A. und die Wittwe A. betheiligt sind).

Lfde. №	I. An unbeweglichen Gütern.	M.*)	Pf.
1.	Ein zweistöckiges Wohnhaus, in Fachwerk erbaut, versichert in der ... Kasse zu	..	.
2.	Eine Scheune in Fachwerk, versichert daselbst zu	..	.
3.	Hofraum und Hausgarten 20 a groß.		
4.	An Ackerländerei:		
	a. 1,75 ha auf dem Hellberge.		
	b. 0,80 ha in der Röthe u. s. w.		

*) Die Geldspalte ist für eine etwaige Angabe der Werthe (Taxe) bestimmt.

Lfde. №		M.	Pf.
5.	An Wiesen:		
	a. 45,2 a im Moore.		
	u. s. w.		
	II. An Rechten und Gerechtigkeiten.		
1.	$^1/_{20}$ Antheil an der Gemeindeforst.		
2.	Hut- und Weideberechtigung auf ...		
	III. An baarem Gelde.		
1.	25 M. 82 Pf. baares Geld.		
	IV. An Kostbarkeiten.		
1.	Eine silberne Taschenuhr.		
	u. s. w.		
	V. An Gold- und Silbergeschirr.		
1.	Nichts.		
	VI. An Porzellan- und Glassachen u. s. w.		
1.	21 flache Teller von Porzellan.		
	u. s. w.		
	VII. An Zinn, Kupfer, Messing, Küchengeräthen u. s. w.		
1.	Ein kupferner Kessel.		
	u. s. w.		
	VIII. An Möbeln und sonstigem Hausgeräth.		
1.	Ein Kleiderschrank von Eichenholz.		
	u. s. w.		
	IX. An Flachs, Heede, Leinwand u. s. w.		
1.	54 Meter Leinwand.		
	u. s. w.		

Lfde. №		M.	Pf.
	X. An Betten.		
1.	Zwei vollständige zweischläferne Betten, bestehend aus . . .		
	u. s. w.		
	XI. An Kleidungsstücken.		
1.	Ein schwarzer Tuchrock.		
	u. s. w.		
	XII. An Vieh.		
1.	Ein Fuchswallach, ca. 3 Jahre alt.		
2.	Zwei Kühe.		
	u. s. w.		
	XIII. An Ackergeschirr und zur Viehzucht gehörigen Geräthschaften.		
1.	Ein Ackerwagen.		
	u. s. w.		
	XIV. An vorräthigen Naturalien.		
1.	Früchte:		
	a. an ausgedroschenen . . .		
	b. an ungedroschenen . . .		
2.	An Stroh . . .		
	u. s. w.		
	XV. An ausstehenden Forderungen.		
	(Werthpapiere, Hypothekenforderungen, Schuldscheine u. s. w. Betrag des Kapitals, Höhe des Zinsfußes, Zinszahlungstermin, etwaige Rückstände u. s. w. anzugeben).		
	XVI. An Schulden.		
	(Wie vorstehend. Hierher gehört auch die etwaige Brautschatzforderung der Wittwe.)		
	XVII. An Briefschaften und Dokumenten.		
	(Soweit nicht unter XV schon angegeben. Uebergabekontrakte, Ehestiftungen.)		

Lfde. №		M.	Pf.
	XVIII. **Nachricht von anhängigen Prozessen oder Vormundschaften des Verstorbenen.** (NB. Erforderlichenfalls können noch weitere Rubriken gemacht werden, z. B.: An Waaren zum Verkauf. An Gemälden. An Büchern. u. s. w.)		

Die Richtigkeit und Vollständigkeit des vorstehenden Verzeichnisses versichern wir pflichtmäßig.

H., den .....

N., **Vormund.**
P., **Gegenvormund.**

Anlage B.

Vormundschafts-Rechnung

für

die minderjährigen Kinder des weiland Ackermanns **Heinrich Müller** in Neuhaus

erster Ehe: 1. Heinrich Müller, geb. am ...
zweiter Ehe: 2. Friedrich Müller, geb. am ...
3. Louise Müller, geb. am ...

Vom 1. Januar bis 31. Dezember 1890.

Geführt vom Vormunde Oekonom Heinrich Körner in Neuhaus.

Hat Beläge:

zur Einnahme: Buchst. A. bis F.
zur Ausgabe: Nr. 1 bis 37.

Die Rechnung ist geprüft und (außer den in der Anlage — nachstehend — gemachten Bemerkungen) nichts dabei zu erinnern gefunden. Der Vermögensbestand ist mir nachgewiesen. (Vergl. § 27 [1].)

Neuhaus, den ......

F. Hermann.
Gegenvormund.

A. Mittheilung
über die persönlichen Verhältnisse der Mündel (§ 27 [1]).

Der Mündel Heinrich M. leistet seit dem .... in R. beim .... Regiment seiner Militärpflicht Genüge.

Friedrich M. dient als Knecht beim Ackermann P. in F.

Louise M. befindet sich bei ihrer Mutter in N. und besucht die dortige Volksschule.

B. Vorbericht
über Zu- und Abgang des Vermögens (§ 27 [1]).

Der in dem Vermögensverzeichniß vom .... (oder: in der vorigen Rechnung) verzeichnete Vermögensbestand hat folgende Aenderungen erfahren:

1. Abgang.

zu III. 1. des Verzeichnisses:	Das baare Geld ist in der Rechnung vereinnahmt (s. Seite .. der Rechnung).
zu X. 1., 5., 6. xc. das.	Die Sachen sind verkauft (s. Seite .. der Rechnung).
zu XV. 2. das.	Das Darlehnskapital ist mit Zinsen zurückgezahlt und S. .. der Rechnung vereinnahmt.

u. s. w.

2. Zugang.

zu III. des Verzeichnisses. An Rechnungsüberschuß 43,05 M.
zu XV. „ „ Eine Obligation der Provinz.-Kredit-Anstalt zu .... vom 2. Oktober 1882 Lit. A. No. 570 über 300 M. nebst Zinsen zu 4 % vom ... ab.
u. s. w.

3. An Kapitalvermögen ist hiernach jetzt vorhanden:

1. ......
2. ......
3. Eine Obligation der Provinz.-Kred.-Anst. zu ... Lit. A. No. 570 über 300 M.

C. Beantwortung der Erinnerungen
zur vorigen Rechnung.
u. s. w.

D. Erläuterungen
zur nachfolgenden Rechnung.
u. s. w.

Lfde. №	Be-lage		M.	Pf.
		A. Einnahme.		
		I. Einnahme an Baarschaften aus dem Inventar.		
1.		Baares Geld	..	.
		Summa .	..	.
		II. Einnahme für verkaufte Mobilien.		
2.	A.	Laut Auktionsverzeichnisses vom	..	.
		Summa .	..	.

Lfde. №	Beläge		M.	Pf.
		III. Ueberschuß aus voriger Rechnung und Erstattung auf Grund von Rechnungserinnerungen.		
3.		An Ueberschuß sind aus voriger Rechnung zu vereinnahmen		
4.		Vermöge Bescheides vom ... hat Vormund auf Grund von Rechnungserinnerungen zu erstatten		
		Summa .	.	.
		IV. An Zinsen von ausstehenden Kapitalien.		
5.		(Hier ist bei jedem Posten die Summe des Kapitals, der Zinsenbetrag, der Name des Schuldners, Datum der Schuldverschreibung und der Zinszahlungstermin anzugeben bezw. die Obligation genau zu bezeichnen.)		
		Summa .	..	.
		V. Für verkaufte Grundstücke und Gerechtigkeiten.		
6.	B.	. . . .		
		Summa .	..	.
		VI. Für verpachtete Grundstücke und Gerechtigkeiten.		
7.	C.	. . . .		
		Summa .	..	.
		VII. Aus dem Haushalte, für verkaufte Früchte, Vieh u. s. w.		
8.		. . . .		
		Summa .	..	.
		VIII. An zurückgezahlten Kapitalien und sonst eingegangenen Forderungen.		
9.		. . . .		
		Summa .	..	.

Lfde. №	Beläge		M.	Pf.
		IX. An neu erborgten Kapitalien.		
10.		(Zu bemerken: zu welchem Zwecke, von wem, wann, gegen welchen Zinsfuß und ob mit Genehmigung des Vormundschaftsgerichts das Darlehn aufgenommen ist.)	..	.
		Summa .	..	.
		X. An Restanten.		
11.		(Hier wird alles Dasjenige, was in der vorigen Rechnung **an Restanten in Ausgabe gebracht ist,** wieder in Einnahme gestellt, und alles Dasjenige, was beim Schlusse dieser Rechnung davon noch rückständig ist, unter den Restanten (Ausgabe, IX.) wieder zum Absatz gebracht.)	..	.
		Summa .	..	.
		XI. Insgemein.		
12.		(Unter dieser Rubrik werden alle diejenigen Posten, welche sich nicht wohl unter die anderen Rubriken bringen lassen, in Einnahme gestellt)	..	.
		Summa .	..	.
		Wiederholung aller Einnahmen.		
13.		I.	..	.
		II.	..	.
		u. s. w.		
		Summa .	..	.

Lfde. №	Beläge		M.	Pf.
		B. Ausgabe.		
		I. Vorschuß aus der vorigen Rechnung und aus Rechnungserinnerungen.		
		Laut vor. Rechnung hat Vormund vorgeschossen		
		Aus Rechnungserinnerung ... hat Vormund gut		
		Summa .	..	.
		II. An Steuern, herrschaftlichen Gefällen u. s. w.		
	1.	. . . .		
		Summa .	..	.
		III. An bezahlten Schulden und Zinsen.		
		(Anzugeben: der Betrag der Schuld, Namen des Gläubigers, Zinsfüß, Zinszahlungstermin; wenn für die Schuld Hypothek bestellt war, ob dieselbe gelöscht ist.)		
	2.	. . . .		
		Summa .	..	.
		IV. An ausgeliehenen Kapitalien.		
		(Hierher gehören auch Ausgaben für angekaufte Staatspapiere u. s. w. Sind Gelder an Privatleute als Darlehn gegeben, so ist anzugeben, ob Hypothek u. s. w. dafür bestellt ist.)		
	5.	. . . .		
		Summa .	..	.
		V. Ausgaben behufs des Haushalts u. s. w.		
	8.	. . . .		
		Summa .	..	.
		VI. Bau- und Reparaturkosten.		
	18.	. . . .		
		Summa .	..	.

Lfde. №	Beläge		M.	Pf.
		VII. Kost- und Schulgeld und sonstige Erziehungskosten.		
	30.	. . . .		
		Summa .	..	.
		VIII. Gerichts- und Prozeßkosten.		
	37.	. . . .	..	.
		Summa .	..	.
		IX. Restanten.		
	46.	(Vergl. Einnahme, X.)	..	.
		Summa .	..	.
		X. Insgemein.		
		(Vergl. Einnahme, XI.)	..	.
		Summa .	..	.
		Wiederholung aller Ausgaben.		
		I.	..	.
		II.	..	.
		u. s. w. Summa .	..	.
		Bilanz.		
		Die Einnahme beträgt nach Seite	..	.
		Die Ausgabe beträgt nach Seite	..	.
		Verglichen, bleibt Ueberschuß .	..	.
		(oder: verglichen, behält Vormund gut) .	..	.

Daß in der vorstehenden Rechnung alle Einnahmen verrechnet sind und daß ich außer den in der Rechnung aufgeführten vormundschaftlichen Vermögensstücken andere nicht verwahre, versichere ich damit. (§ 27 [1].)

N., den . . . . . .

H. Körner, Vormund.

(Verwalten mehrere Vormünder gemeinschaftlich (§ 9), so haben alle diese Erklärung zu unterschreiben.)

Anlage C.

Bestimmungen
über die Benutzung des Staatsschuldbuchs.
(Zu § 17[1].)

Die Benutzung des **Staatsschuldbuches** geschieht in der Weise, daß der Vormund für den zur Verfügung stehenden Geldbetrag Schuldverschreibungen der Preußischen vierprozentigen oder dreiundeinhalbprozentigen konsolidirten Staatsanleihe anschafft und diese behufs Gutschrift eines entsprechenden Betrages im Staatsschuldbuche auf den Namen des Mündels an die Staatsschuldenverwaltung übersendet. Diese Anlegung gewährt dem Vormunde neben der durch die Schuldverschreibung garantirten Verzinsung Befreiung von der Sorge der Verwaltung der Gelder, da die Zinsen ihm auf Wunsch an den Fälligkeitsterminen (halbjährlich) durch die Post ins Haus geschickt werden, während er sonst bei Anlegung von Geldern in Werthpapieren die Zinsscheine halbjährlich oder jährlich abschneiden und beim Bankier einlösen muß. Die Eintragung im Staatsschuldbuch schützt den Vormund aber ferner vor der Gefahr, durch Verlust oder Untergang der Schuldurkunde (Obligation) das Kapital selbst einzubüßen.

Das Verfahren bei der Benutzung des Staatsschuldbuches ist folgendes:

1. Der Vormund hat die angeschafften oben näher bezeichneten Schuldverschreibungen an die Hauptverwaltung der

Staatsschulden (Schuldbuchbüreau) in Berlin frei einzusenden. Jeder Schuldverschreibung müssen die noch nicht fälligen Zinsscheine (Kupons) und die dazu gehörige Anweisung (Talon) beigefügt sein; nur wenn eine Schuldverschreibung in demjenigen Monat, welcher dem Fälligkeitstermine der Zinsen vorangeht, eingereicht wird, ist der nächstfällige Zinsschein nicht mit einzusenden. Den Papieren sind beizufügen:

a. ein Antrag (siehe nachstehend);

b. ein Verzeichniß der eingesandten Staatsschuldverschreibungen.

Für den **Antrag** ist folgendes (beispielsweise ausgefüllte) Formular vorgeschrieben:

An

die Hauptverwaltung der Staatsschulden

(Schuldbuchbüreau)

frei. Berlin S.W.

Oranienstr. 92/94.

Neuhaus, den 20. Mai 1890.

Die Hauptverwaltung der Staatsschulden erhält hierbei die in dem anliegenden Verzeichniß aufgeführten 5 Stück Schuldverschreibungen der Preußischen konsolidirten vierprozentigen (dreiundeinhalbprozentigen) Staatsanleihe über zusammen 2200 M., schreibe (in Worten) zweitausendzweihundert M., nebst den dazu gehörigen Zinsscheinen über die seit 1. Juli 1890 laufenden Zinsen und den Anweisungen zur Abhebung neuer Zinsscheine mit dem Antrage:

1. die gedachten 2200 M. auf den Namen:

der beiden minderjährigen Kinder zweiter Ehe des weiland Ackermanns Heinrich Müller in Neuhaus, als

a. Friedrich Müller, geb. am 16. September 1870,

b. Louise Müller, geb. am 2. Januar 1873,

beide wohnhaft in Neuhaus und bevormundet durch den unterzeichneten Vormund,

in das Staatsschuldbuch einzutragen;*)

2. die fälligen Zinsen durch die Post an den unterzeichneten Vormund, wohnhaft in Neuhaus, Kirchstr. Nr. 3, zahlen zu lassen.

Heinrich Körner, Oekonom,
als Müller'scher Vormund.

Für das Verzeichniß der Schuldverschreibungen (oben b.) ist das nachstehende (beispielsweise ausgefüllte) Formular vorgeschrieben:

Verzeichniß

der mit Antrag des Oekonomen Heinrich Körner in Neuhaus vom 20. Mai 1885 eingelieferten Schuldverschreibungen der Preußischen konsolidirten vierprozentigen (dreiundeinhalbprozentigen) Staatsanleihe.

Lfde. №	Litr.	Nummern.	Betrag des einzelnen Stücks. M.	Betrag für jeden Werthabschnitt. M.
1.	C.	70 536	1 000	1 000
2.	D.	19 216	500	
3.	D.	20 355	500	1 000
4.	F.	7 809	200	200
			Betrag	2 200

*) Handelt es sich um eine fernere Eintragung (Zuschreibung) im Staatsschuldbuch, so wird hier zu bemerken sein, daß bereits ein Konto für dieselben Gläubiger im Staatsschuldbuch angelegt ist.

Wer vierprozentige und dreiundeinhalbprozentige Konsols gleichzeitig einreicht, muß für jede Gattung einen besonderen Antrag und ein besonderes Verzeichniß einreichen.

Formulare sowohl zu dem Antrage wie zu dem Verzeichniß sind außer bei der Staatsschuldentilgungskasse in Berlin bei jeder Regierungs- und Bezirkshauptkasse sowie bei jeder Kreiskasse und Steuerkasse in Empfang zu nehmen.

Der Antrag bedarf einer Beglaubigung nicht. Die Formulare sind vollständig und genau auszufüllen, insbesondere die Namen des Mündels und des Vormundes sowie die Angabe des Wohnorts und der Wohnung recht deutlich zu schreiben. In dem Antrage ist klar erkennbar zu machen, ob die Zinsen dem Vormunde durch die Post zugesandt werden sollen oder ob der Vormund sie bei einer der oben bezeichneten Kassen in Empfang nehmen will. Die Kasse ist in letzterem Fall bestimmt zu bezeichnen; wenn an einem Orte sich mehrere zur Zahlung ermächtigte Spezialkassen befinden, so ist diejenige anzugeben, welche die Steuern für den Wohnort des Empfängers hebt.

Der Vormund erhält sofort nach dem Eingang einen Empfangschein über Zahl und Nennbetrag der eingelieferten Werthpapiere. Nach erfolgter Eintragung in das Staatsschuldbuch geht ihm darüber ein Benachrichtigungsschreiben durch die Post zu. Eine eigentliche Schuldverschreibung erhält er nicht.

2. Wird die Rückgabe der beim Staatsschuldbuch belegten Gelder oder eines Theils*) derselben gewünscht, so

*) Hierbei muß aber sowohl der Betrag, welcher zurückgezahlt werden soll, als auch der eingetragen bleibende Restbetrag in

wird dem Berechtigten auf seinen Antrag der betreffende Geldbetrag durch Ausreichung von Schuldverschreibungen der vierprozentigen (dreiundeinhalbprozentigen) konsolidirten Anleihe zu gleichem Nennwerthe gutgethan. Ist in der Person des Empfangsberechtigten eine Aenderung eingetreten, z. B. an Stelle des früheren Vormundes ein neuer Vormund getreten, so hat der letztere behufs Empfangnahme der Zinsen (vorstehend 1) als auch etwaiger Rückzahlungen mit dem entsprechenden, an die oben bezeichnete Adresse zu richtenden, Antrage eine Bescheinigung des Vormundschaftsgerichts über seine Berechtigung zur Empfangnahme einzusenden. Die Auslieferung der Schuldverschreibungen geschieht entweder durch eine der vorgedachten Kassen gegen Quittung oder, wenn der Vormund solches beantragt hat, auf seine Gefahr und Kosten durch die Post.

3. Von der Verwaltung des Staatsschuldbuchs werden nur folgende Gebühren erhoben:

a. Für die Eintragung in das Staatsschuldbuch, jede Einschrift besonders gerechnet, 25 Pfennig von je angefangenen 1000 M. des Betrages, zusammen mindestens 1 M.;

b. Für die Ausreichung von Staatsschuldverschreibungen für jede angefangene 1000 M. Kapitalbetrag 50 Pfennig, zusammen mindestens 1 M.

Im Uebrigen ist die Verwaltung des Staatsschuldbuches gebührenfrei. Zur Erleichterung des Geschäftsverkehrs em-

---

Schuldverschreibungen der $3^1/_2$ % bezw. 4 % konsol. Anleihe darstellbar sein.

pfiehlt es sich, bei Anträgen, welche nach dem Vorstehenden gebührenpflichtig sind, den Betrag gleich beizufügen.

Ausführlicheres über die Verwaltung und Benutzung des Staatsschuldbuchs enthalten die bei J. Guttentag (D. Collin) in Berlin erscheinenden „Amtlichen Nachrichten über das Preußische Staatsschuldbuch" (vierte Ausgabe, 1889; Preis 40 Pf.), welche durch jede Buchhandlung zu beziehen sind.

Nachtrag.

Da der eine oder andere Leser vielleicht ein Interesse daran hat, den Wortlaut des Gesetzes zu kennen, so lassen wir nachstehend einen Abdruck der Vormundschaftsordnung folgen.

Vormundschaftsordnung.

Vom 5. Juli 1875.

Wir Wilhelm, von Gottes Gnaden König von Preußen 2c. verordnen, unter Zustimmung der beiden Häuser des Landtages Unserer Monarchie, für den ganzen Umfang derselben, was folgt:

Erster Abschnitt.
Vormundschaftsgericht.

§. 1. Das Vormundschaftsgericht wird von Einzelrichtern (Friedensrichtern, Amtsrichtern, Gerichtskommissarien) verwaltet.

Im Geltungsbereich der Verordnung vom 2. Januar 1849 und im Bezirk des Appellationsgerichts zu Frankfurt a. M. werden zu diesem Zwecke bei den Kollegialgerichten erster Instanz ein oder mehrere Einzelrichter ernannt.

§. 2. Für die Vormundschaft über einen Minderjährigen ist das Gericht zuständig, in dessen Bezirk der Vater zu der Zeit, in welcher die Bevormundung nöthig geworden ist, seinen Wohnsitz oder in Ermangelung eines solchen seinen Aufenthalt gehabt hat.

Für eine innerhalb der gesetzlichen Vormundschaft des Vaters erforderliche Thätigkeit des Vormundschaftsgerichts wird die Zuständigkeit durch den Wohnsitz oder in Ermangelung eines solchen durch den Aufenthalt des Vaters bestimmt.

§. 3. Für die Vormundschaft über ein minderjähriges uneheliches Kind ist das Gericht zuständig, in dessen Bezirk die Mutter zur Zeit der Geburt des Kindes ihren Wohnsitz oder in Ermangelung eines solchen ihren Aufenthalt gehabt hat.

§. 4. Für die Vormundschaft über einen Großjährigen ist das Gericht zuständig, in dessen Bezirk derselbe seinen Wohnsitz oder in Ermangelung eines solchen seinen Aufenthalt hat.

§. 5. Fehlt es an einem der in den §§. 2—4. angeordneten Gerichtsstände, so ist das Gericht, in dessen Bezirk der Vater oder die uneheliche Mutter oder der zu bevormundende Großjährige den letzten Wohnsitz gehabt hat, und in Ermangelung eines solchen dasjenige Gericht zuständig, welches der Justizminister bestimmt.

§. 6. Für die Vormundschaft über einen Nichtpreußen wird die Zuständigkeit durch den Wohnsitz nach Maßgabe der §§. 2—4. bestimmt.

In Ermangelung eines Wohnsitzes in Preußen kann das Gericht des Aufenthalts vorläufige Maßregeln ergreifen. Dasselbe hat eine Vormundschaft einzuleiten, wenn der Heimathstaat die Sorge für den zu Bevormundenden nicht übernimmt.

Die Vormundschaft über einen Nichtpreußen ist auf Verlangen der Behörden des Heimathstaates an diese abzugeben.

§. 7. Minderjährige, deren Eltern unbekannt sind, werden von dem Gericht unter Vormundschaft gestellt, in dessen Bezirk sie gefunden wurden.

§. 8. Für die Pflegschaft eines Bevormundeten ist das Gericht der Vormundschaft zuständig.

Im Uebrigen finden für die Pflegschaft, sowie für die außerhalb einer Vormundschaft oder Pflegschaft erforderliche Thätigkeit des Vormundschaftsgerichts die Vorschriften der §§. 2—4. 6. entsprechende Anwendung. Sofern diese Vorschriften nicht anwendbar sind, ist das Gericht zuständig, in dessen Bezirk die Angelegenheiten wahrzunehmen sind, wegen deren die Thätigkeit des Vormundschaftsgerichts eintritt.

§. 9. Streitigkeiten über die Zuständigkeit mehrerer Vormundschaftsgerichte entscheidet endgültig das Appellationsgericht oder, wenn die Gerichte verschiedenen Appellationsgerichtsbezirken angehören, der Justizminister.

Das Vormundschaftsgericht kann die Vormundschaft oder die Pflegschaft aus erheblichen Gründen an ein anderes Vormundschaftsgericht abgeben, nach Bestellung des Vormundes oder des Pflegers jedoch nur mit dessen Zustimmung. Einigen sich die Gerichte nicht, so entscheidet nach Maßgabe der Vorschrift des ersten Absatzes das Appellationsgericht oder der Justizminister.

§. 10. Gegen die Anordnungen des Vormundschaftsgerichts findet Beschwerde statt. Die Entscheidung erfolgt, und zwar endgültig, in dem Bezirk des Appellationsgerichtshofs zu Cöln durch das Landgericht, in dem Bezirk des Appellationsgerichts zu Celle durch das Obergericht, in den übrigen Landestheilen durch das Appellationsgericht.

Die Beschwerde wird bei dem Vormundschaftsgericht oder bei dem Beschwerdegericht eingelegt.

Die Beschwerde an das Landgericht kann ohne Mitwirkung eines Anwalts eingereicht werden und ist in einer Civilkammer des Landgerichts durch Rathskammerbeschluß zu erledigen.

Zweiter Abschnitt.

Vormundschaft über Minderjährige.

I. Einleitung der Vormundschaft.

§. 11. Minderjährige erhalten einen Vormund, wenn sie nicht unter väterlicher Gewalt stehen, wenn die väterliche Gewalt nach den Vorschriften des bürgerlichen Rechts ruht, oder wenn ihr Vater selbst bevormundet wird.

§. 12. Erlischt die väterliche Gewalt durch Verheirathung, durch getrennte Haushaltung oder durch Entlassung des Kindes, ohne daß dasselbe die Rechte eines Großjährigen erlangt, so wird der bisherige Gewalthaber gesetzlicher Vormund.

Ueber ein uneheliches Kind wird der Vater der unehelichen Mutter gesetzlicher Vormund, so lange das Vormundschaftsgericht nicht einen anderen Vormund bestellt.

§. 13. Ueber einen Mündel, welcher in eine unter Verwaltung des Staats oder einer Gemeindebehörde stehende Verpflegungs-anstalt aufgenommen ist, hat bis zu dessen Großjährigkeit der Vorstand der Anstalt die Rechte und Pflichten eines gesetzlichen Vormundes, so lange das Vormundschaftsgericht nicht einen anderen Vormund bestellt.

§. 14. Ist ein gesetzlicher Vormund nicht vorhanden, so hat das Vormundschaftsgericht von Amtswegen die Vormundschaft einzuleiten.

§. 15. So lange ein Vormund nicht vorhanden oder der vorhandene Vormund bei dem Anfall eines Nachlasses an den Mündel abwesend ist, hat das Vormundschaftsgericht das Vermögen des Mündels sicher zu stellen.

Die gleiche Pflicht hat jedes Vormundschaftsgericht, in dessen Bezirk sich Vermögen des Mündels befindet.

Sind der Vater oder die Mutter des Mündels oder großjährige Miteigenthümer anwesend, so ist die Sicherstellung nicht erforderlich.

§. 16. Wird die Einleitung einer Vormundschaft nöthig, so sind die Mutter, die Stiefmutter und die großjährigen Geschwister, sowie derjenige, welcher den Mündel an Kindesstatt angenommen hat, verpflichtet, dem Vormundschaftsgericht unverzüglich Anzeige zu machen.

Eine gleiche Pflicht zur Anzeige haben die Standesbeamten, wenn ihnen ein Geburts- oder Sterbefall, welcher die Einleitung einer Vormundschaft nöthig macht, oder die Geburt eines unehelichen Kindes angemeldet wird.

Wird eine Bevormundung in Folge eines gerichtlichen Verfahrens nöthig, so ist das Gericht oder, wenn die Staatsanwaltschaft in dem Verfahren mitgewirkt hat, diese verpflichtet, das Vormundschaftsgericht zu benachrichtigen.

§. 17. Als Vormünder sind in nachstehender Reihenfolge berufen:

1) wer ohne die väterliche Gewalt zu erwerben, den Mündel an Kindesstatt angenommen hat;
2) wer von dem Vater in einem Testament oder in einer gerichtlich oder notariell beglaubigten oder eigenhändig geschriebenen und unterschriebenen Urkunde benannt ist, sofern der Vater zur Zeit seines Todes die väterliche Gewalt über den Mündel gehabt hat oder unter Voraussetzung der bereits erfolgten Geburt desselben gehabt haben würde, oder sofern der Vater bis zum Tode die Vormundschaft geführt hat;
3) die Mutter über ihre ehelichen, nicht an Kindesstatt hingegebenen Kinder;
4) wer von der Mutter in der unter Nr. 2. bestimmten Form benannt ist, sofern die Mutter bis zum Tode die Vormundschaft geführt hat;
5) der Großvater väterlicher Seits;
6) der Großvater mütterlicher Seits.

Die Mutter ist nicht berufen, wenn sie mit einem Anderen als dem Vater des Mündels verheirathet oder wenn die Ehe mit dem Vater des Mündels durch Urtheil getrennt ist.

Ist einer Ehefrau ein Vormund zu bestellen, so darf vor jedem nach diesem Paragraphen Berufenen der Ehemann bestellt werden.

§. 18. Wegen Uebergehung der nach §. 17. Berufenen ist die Beschwerde nur bis zum Ablauf von vier Wochen nach erhaltener Kenntniß von der Bestellung eines anderen Vormundes zulässig.

Sind Umstände eingetreten, welche die Bestellung des nach §. 17. Berufenen als nachtheilig für den Mündel erscheinen lassen, so kann das Vormundschaftsgericht den Berufenen mit dessen Zustimmung übergehen. Bei dessen Widerspruch ist die Entscheidung des Beschwerdegerichts einzuholen.

§. 19. Kann die Vormundschaft keinem der nach §. 17. Berufenen übertragen werden, so hat das Vormundschaftsgericht nach Anhörung des Waisenraths (§. 52.) einen Vormund zu berufen und dabei geeignete Verwandte oder Verschwägerte des Mündels zunächst zu berücksichtigen.

Bei der Auswahl des Vormundes ist auf das religiöse Bekenntniß des Mündels Rücksicht zu nehmen.

Das Vormundschaftsgericht hat in der Regel für einen Mündel, sowie für mehrere Geschwister nur einen Vormund zu berufen.

§. 20. Jeder Preuße, welcher nicht gesetzlich unfähig oder zur Ablehnung berechtigt ist, muß die Vormundschaft, zu welcher er berufen ist, übernehmen.

Weigert sich der Berufene, so kann er von dem Vormundschaftsgerichte durch Ordnungsstrafen bis zum Betrage von je dreihundert Mark zur Uebernahme der Vormundschaft angehalten werden.

Mehrere Strafen sind nur in Zwischenräumen von mindestens einer Woche zu verhängen. Ist dreimal eine Strafe ohne Erfolg verhängt, so ist ein anderer Vormund zu bestellen.

§. 21. Unfähig zur Führung einer Vormundschaft sind:

1) Bevormundete oder Handlungsunfähige;
2) wer das einundzwanzigste Lebensjahr noch nicht zurückgelegt hat;
3) wer der bürgerlichen Ehrenrechte verlustig erklärt ist, nach Maßgabe des Strafgesetzbuchs;
4) Gemeinschuldner während der Dauer des Konkursverfahrens;
5) wer offenkundig einen unsittlichen Lebenswandel führt;
6) wer von dem Vater oder von der Mutter nach Maßgabe der in §. 17. für die Berufung eines Vormundes gegebenen Vorschriften ausgeschlossen worden ist;
7) weibliche Personen.

Nicht unfähig zur Führung einer Vormundschaft sind jedoch die Mutter über ihre ehelichen, unehelichen oder angenommenen Kinder und die Großmutter, sofern sie nicht bei etwaiger Trennung der Ehe für den schuldigen Theil erklärt sind, sowie diejenigen weiblichen Personen, welche nach §. 17. Nr. 2. und 4. berufen sind.

Eine Frau, welche mit einem Andern, als dem Vater des Mündels verheirathet ist, darf nur mit Einwilligung des Ehemannes zum Vormund bestellt werden.

§. 22. Wer ein Staatsamt oder ein besoldetes Amt in der Kommunal- oder Kirchenverwaltung bekleidet, bedarf zur Führung einer von dem Vormundschaftsgericht eingeleiteten Vormundschaft der Genehmigung der zunächst vorgesetzten Behörde.

§. 23. Die Uebernahme einer Vormundschaft können ablehnen:

1) weibliche Personen;
2) wer das sechszigste Lebensjahr überschritten hat;
3) wer bereits mehr als eine Vormundschaft oder Pflegschaft führt;
4) wer an einer die ordnungsmäßige Führung der Vormundschaft hindernden Krankheit leidet;
5) wer nicht in dem Bezirk des Vormundschaftsgerichts seinen Wohnsitz hat;
6) wer nach Maßgabe des §. 58. zur Stellung einer Sicherheit angehalten wird;
7) wer fünf oder mehr minderjährige eheliche Kinder hat.

Die Führung einer Gegenvormundschaft steht im Sinne der Nr. 3. der Führung einer Vormundschaft oder Pflegschaft nicht gleich.

Das Ablehnungsrecht geht verloren, wenn es nicht bei dem Vormundschaftsgericht vor der Verpflichtung geltend gemacht wird.

§. 24. Der Vormund wird von dem Vormundschaftsgericht durch Verpflichtung auf treue und gewissenhafte Führung der Vormundschaft bestellt. Die Verpflichtung erfolgt mittelst Handschlags an Eidesstatt.

Der Vormund erhält eine Bestallung, aus welcher die Namen und die Geburtszeiten der Mündel, die Namen des Vormundes, des Gegenvormundes und der Mitvormünder, sowie die Art der etwaigen Theilung der Verwaltung ersichtlich sein müssen. Ist ein Familienrath bestellt, so ist auch dies anzugeben.

Eine Bestellung des gesetzlichen Vormundes findet nicht statt.

§. 25. Wird ein Handlungsunfähiger zum Vormund bestellt, so ist die Bestellung nichtig.

Ist der zum gesetzlichen Vormund Berufene bevormundet oder handlungsunfähig oder nicht im Besitz der bürgerlichen Ehrenrechte, so tritt die gesetzliche Vormundschaft nicht ein.

Stehen dem Vormund andere Unfähigkeitsgründe entgegen, oder fehlt es an der nach §. 22. erforderlichen Genehmigung, so führt er sein Amt, bis er entlassen wird.

§. 26. Neben dem Vormund kann ein Gegenvormund bestellt werden.

Ein Gegenvormund muß bestellt werden, wenn mit der Vormundschaft eine Vermögensverwaltung verbunden ist und nicht mehrere Vormünder zu ungetrennter Verwaltung bestellt sind.

Führen mehrere Vormünder die Verwaltung nach Geschäftszweigen getrennt, so kann der eine zum Gegenvormund des andern bestellt werden.

Neben dem gesetzlichen Vormund ist ein Gegenvormund nur zu bestellen, wenn dessen Anhörung nach Maßgabe des §. 55. erforderlich wird; die Bestellung erfolgt nur zum Zwecke der Prüfung der von dem Vormundschaftsgerichte zu genehmigenden Handlung.

Auf die Berufung und Bestellung des Gegenvormundes finden die für die Berufung und Bestellung des Vormundes geltenden Vorschriften entsprechende Anwendung.

Der Vater oder die Mutter können nach Maßgabe der in §. 17. für die Berufung eines Vormundes gegebenen Vorschriften die Bestellung eines Gegenvormundes untersagen.

II. Führung der Vormundschaft.

§. 27. Dem Vormund liegt die Sorge für die Person und die Vermögensangelegenheiten des Mündels, sowie die erforderliche Vertretung desselben ob, soweit nicht für gewisse Angelegenheiten ein Pfleger bestellt ist.

§. 28. Der Mutter des Mündels steht dessen Erziehung unter der Aufsicht des Vormundes zu. Dieselbe kann ihr aus erheblichen Gründen nach Anhörung des Vormundes sowie des Waisenrathes durch das Vormundschaftsgericht entzogen werden.

Die bestehenden Vorschriften über die religiöse Erziehung der Kinder bleiben in Kraft.

§. 29. Der Mündel wird durch solche Rechtsgeschäfte berechtigt und verpflichtet, welche der Vormund ausdrücklich im Namen des Mündels oder unter Umständen abgeschlossen hat, welche ergeben, daß das Geschäft nach dem Willen der Betheiligten für den Mündel geschlossen werden sollte.

§. 30. Mehrere Vormünder verwalten gemeinschaftlich.

Bei Meinungsverschiedenheiten entscheidet die Mehrheit oder, wenn eine solche nicht erzielt wird, das Vormundschaftsgericht.

Ist unter mehreren Vormündern die Verwaltung getheilt, so verwaltet jeder die ihm zugetheilten Geschäfte selbstständig.

Andere Bestimmungen über die Verwaltung mehrerer Vormünder können durch den zur Berufung Berechtigten getroffen werden.

§. 31. Der Gegenvormund hat darauf zu achten, daß die Vermögensverwaltung des Vormundes oder des bei Verhinderung desselben eintretenden Pflegers ordnungsmäßig geführt wird. Er hat in den in diesem Gesetze bestimmten Fällen bei Führung der Vormundschaft mitzuwirken.

Er hat von etwaigen Pflichtwidrigkeiten oder der eintretenden Unfähigkeit des Vormundes dem Vormundschaftsgericht Anzeige zu machen.

§. 32. Der Vormund sowie der Gegenvormund haftet für die Sorgfalt, welche ein ordentlicher Hausvater auf seine eigenen Angelegenheiten verwendet.

Die Verantwortlichkeit des bestellten Vormundes beginnt mit dem Zeitpunkt der Bestellung.

Der Ehemann einer zum Vormund bestellten Frau haftet, wenn er nicht der Vater des Mündels ist, für die vormundschaftliche Verwaltung als Bürge.

Die Einrede der Theilung unter mehreren Verhafteten ist ausgeschlossen.

Die bestehenden Vorschriften, nach welchen dem Mündel ein persönliches Vorzugsrecht vor anderen Gläubigern des Vormundes zusteht, bleiben in Kraft.

Ein Pfandrecht oder ein Titel zum Pfandrecht an dem Vermögen des Vormundes entsteht durch die Vormundschaft nicht.

§. 33. Die Vormundschaft wird in der Regel unentgeltlich geführt.

Auslagen müssen dem Vormund und dem Gegenvormund aus dem Vermögen des Mündels erstattet werden.

Hat der Vormund oder der Gegenvormund Dienste geleistet, welche seinem Gewerbe oder Berufe angehören, so kann er die Bezahlung dieser Dienste aus dem Vermögen des Mündels fordern.

§. 34. Ein Honorar steht dem Vormund nur zu, soweit ihm ein solches von dem Erblasser des Mündels oder von dem Vormundschaftsgericht zugebilligt worden ist.

Das Vormundschaftsgericht darf dem Vormund ein Honorar nach Anhörung des Gegenvormundes und nur dann zubilligen, wenn die Vermögensverwaltung der Vormundschaft besonders umfangreich ist.

Dem Gegenvormund darf das Vormundschaftsgericht ein Honorar nicht zubilligen.

§. 35. Von dem bei Einleitung der Vormundschaft vorhandenen oder später dem Mündel zugefallenen Vermögen hat der Vormund unter Zuziehung des etwa vorhandenen Gegenvormundes ein genaues und vollständiges Verzeichniß aufzunehmen und dem Vormundschaftsgericht mit der von ihm und dem Gegenvormund abzugebenden pflichtmäßigen Versicherung der Richtigkeit und Vollständigkeit einzureichen.

Der Vater des Mündels ist als gesetzlicher Vormund von dieser Verpflichtung frei.

Hat ein Erblasser des Mündels in der §. 17. Nr. 2. bestimmten Form die Offenlegung des Verzeichnisses seines Nachlasses verboten, so ist dasselbe von dem Vormund nach Vorschrift des ersten Absatzes einzureichen und von dem Vormundschaftsgericht einzusiegeln, auf Verlangen des Vormundes in dessen Gegenwart. Das Vormundschaftsgericht darf nur aus besonderen Gründen, über welche der Vormund zu hören ist, von dem Inhalte dieses Verzeichnisses Kenntniß nehmen.

§. 36. Hat ein Erblasser des Mündels über die Verwaltung

oder die Veräußerung der zu seinem Nachlasse gehörigen Gegenstände Bestimmungen für den Vormund getroffen, so sind diese zu befolgen. Eine Abweichung von diesen Bestimmungen ist mit Genehmigung des Vormundschaftsgerichts gestattet, wenn Umstände eingetreten sind, welche die Befolgung als nachtheilig für den Mündel erscheinen lassen.

§. 37. Die Kosten der Erziehung des Mündels hat der Vormund aus den Einkünften desselben zu bestreiten. Reichen die Einkünfte nicht aus, so kann das Stammvermögen angegriffen werden.

§. 38. Der Vormund kann Schenkungen für den Mündel nicht vornehmen. Jedoch sind Geschenke zulässig, welche üblich sind oder durch die Vermögensverwaltung begründet werden.

§. 39. Gelder, welche zu laufenden oder zu anderen durch die Vermögensverwaltung begründeten Ausgaben nicht erforderlich sind, hat der Vormund im Einverständnisse mit dem Gegenvormund in Schuldverschreibungen, welche von dem Deutschen Reiche oder von einem Deutschen Bundesstaate mit gesetzlicher Ermächtigung ausgestellt sind, oder in Schuldverschreibungen, deren Verzinsung von dem Deutschen Reiche oder von einem Deutschen Bundesstaate gesetzlich garantirt ist, oder in Rentenbriefen der zur Vermittelung der Ablösung von Renten in Preußen bestehenden Rentenbanken, oder in Schuldverschreibungen, welche von Deutschen kommunalen Korporationen (Provinzen, Kreisen, Gemeinden 2c.) oder von deren Kreditanstalten ausgestellt und entweder Seitens der Inhaber kündbar sind, oder einer regelmäßigen Amortisation unterliegen, oder auf sichere Hypotheken oder Grundschulden, zinsbar anzulegen.

Gelder, welche in dieser Weise nach den obwaltenden Umständen nicht angelegt werden können, sind bei der Reichsbank oder bei öffentlichen, obrigkeitlich bestätigten Sparkassen zinsbar zu belegen.

Eine Hypothek oder Grundschuld ist für sicher zu erachten, wenn sie bei ländlichen Grundstücken innerhalb der ersten zwei Drittheile des durch ritterschaftliche, landschaftliche, gerichtliche oder Steuertaxe, bei städtischen innerhalb der ersten Hälfte des durch Taxe einer öffentlichen Feuerversicherungs-Gesellschaft oder durch gerichtliche Taxe zu ermittelnden Werthes, oder wenn sie innerhalb des fünfzehnfachen Betrages des Grundsteuerreinertrages der Liegenschaft zu stehen kommt.

Sicheren Hypotheken stehen im Sinne dieser Vorschriften die mit staatlicher Genehmigung ausgegebenen Pfandbriefe und gleichartigen Schuldverschreibungen solcher Kreditinstitute gleich, welche durch Vereinigung von Grundbesitzern gebildet, mit Korporationsrechten versehen sind und nach ihren Statuten die Beleihung von Grundstücken auf die im dritten Absatz angegebenen Theile des Werthes derselben zu beschränken haben.

Versäumt oder verzögert der Vormund die Anlegung von Geldern, so muß er die anzulegende Summe mit sechs vom Hundert jährlich verzinsen.

§. 40. Der Vormund darf Vermögensgegenstände des Mündels nicht in seinem Nutzen verwenden. Er hat das trotzdem in seinem Nutzen verwendete Geld von der Verwendung an zu verzinsen. Den Zinsfuß bestimmt das Vormundschaftsgericht nach seinem Ermessen auf acht bis zwanzig vom Hundert.

Eine Hypothek oder Grundschuld, welche auf einem Grundstücke des Vormundes haftet, darf derselbe für den Mündel nicht erwerben.

§. 41. Der Genehmigung des Gegenvormundes bedarf es:

1) zur Veräußerung von Werthpapieren,
2) zur Einziehung, Abtretung oder Verpfändung von Kapitalien, sofern dieselben nicht bei Sparkassen belegt sind,
3) zur Aufgabe oder Minderung der für eine Forderung bestellten Sicherheit.

Die Genehmigung des Gegenvormundes kann durch die Genehmigung des Vormundschaftsgerichts ersetzt werden.

§. 42. Der Genehmigung des Vormundschaftsgerichts bedarf es:

1) zur Entlassung des Mündels aus der Preußischen Staatsangehörigkeit;
2) zur Annahme des Mündels an Kindesstatt;
3) zum Eintritt des Mündels in eine Einkindschaft;

4) zur Erbauseinandersetzung, sofern dieselbe nicht durch Erkenntniß festgesetzt wird;
5) zur Veräußerung oder Belastung unbeweglicher Sachen, soweit dieselbe nicht im Zwangsverfahren gegen den Mündel erfolgt;
6) zum Erwerb von unbeweglichen Sachen durch lästigen Vertrag;
7) zur Verpachtung oder Vermiethung unbeweglicher Sachen, wenn der Vertrag über das Alter der Großjährigkeit hinaus gelten soll, sowie zur Verpachtung von Grundstücken, die zu einem Grundsteuerreinertrag von dreitausend Mark oder mehr eingeschätzt sind;
8) zur Abschließung von Vergleichen, wenn deren Gegenstand unschätzbar ist oder die Summe von dreihundert Mark übersteigt;
9) zur Veränderung oder Auflösung, sowie zur Neubegründung oder Uebernahme eines Erwerbsgeschäfts;
10) zur Eingehung wechselmäßiger Verbindlichkeiten;
11) zur Ertheilung einer Prokura;
12) zur Aufnahme von Darlehen;
13) zur Uebernahme fremder Verbindlichkeiten;
14) zur Entsagung einer Erbschaft oder eines Vermächtnisses.

§. 43. Ob die Auseinandersetzung über einen dem Mündel angefallenen Nachlaß mit dessen Miterben von dem Vormund herbeizuführen sei, hat dieser zu ermessen.

Die Erbauseinandersetzung kann vor Gericht, vor einem Notar oder mittelst Privatschrift erfolgen.

Im Bezirk des Appellationsgerichtshofes zu Cöln erhält die Erbauseinandersetzung durch die Genehmigung des Vormundschaftsgerichts dieselbe Gültigkeit, als wäre sie nur von großjährigen Personen vorgenommen worden.

Der Erbauseinandersetzung steht die Theilung gütergemeinschaftlichen Vermögens zwischen dem Ehegatten und den Erben des Verstorbenen gleich.

Die in Artikel 2109. des Rheinischen Civilgesetzbuches bestimmte Frist beginnt von dem Tage der richterlichen Genehmigung der Erbauseinandersetzung.

§. 44. Die Art der Veräußerung einer unbeweglichen Sache wird unbeschadet der Rechte der Miteigenthümer von dem Vormundschaftsgericht bestimmt. Die Veräußerung kann durch gerichtliche und notarielle Versteigerung oder aus freier Hand erfolgen.

Erfolgt die Veräußerung durch notarielle Versteigerung, so finden in dem Geltungsbereiche des Gesetzes vom 18. April 1855. (Gesetz-Samml. S. 521.) die Vorschriften desselben über die Versteigerung durch einen Notar mit der Maßgabe Anwendung, daß die der Rathskammer oder dem Präsidenten des Landgerichts zugewiesene Thätigkeit von dem Vormundschaftsgericht auszuüben ist. Das Vormundschaftsgericht bestimmt nach freiem Ermessen, in welcher Art die Versteigerung bekannt zu machen ist.

§. 45. Zur Eingehung von wechselmäßigen Verbindlichkeiten darf eine allgemeine Genehmigung ertheilt werden, wenn sie durch die vormundschaftliche Vermögensverwaltung erforderlich wird.

§. 46. Ein ohne die nach §§. 41. 42. erforderliche Genehmigung abgeschlossenes Rechtsgeschäft hat nur dieselbe Wirksamkeit, wie ein von einem Mündel, welcher sich mit Genehmigung des Vormundes verpflichten kann, ohne Genehmigung des Vormundes abgeschlossenes Rechtsgeschäft.

§. 47. Der Vater des Mündels ist berechtigt, in der §. 17. Nr. 2. bestimmten Form den von ihm benannten Vormund von der Nothwendigkeit der Genehmigung des Gegenvormundes oder des Vormundschaftsgerichts zu den §. 41. §. 42. Nr. 4—14. und §. 44 bezeichneten Handlungen zu befreien.

Im Falle solcher Befreiung ist in der Bestallung die allgemeine Ermächtigung zur Vornahme der bezeichneten Handlungen zu ertheilen. Die Befreiung wird erst durch diese Ermächtigung wirksam.

§. 48. Die bestehenden Vorschriften über das Erforderniß der Einwilligung des Vormundes, des Vormundschaftsgerichts und des Familienraths zur Eheschließung des Mündels und über die Wirkungen des Mangels dieser Einwilligung bleiben mit der

Maßgabe in Kraft, daß in dem Bezirk des Appellationsgerichtshofes zu Cöln die dem Familienrath zugewiesene Thätigkeit von dem Vormundschaftsgericht auszuüben ist.

§. 49. Durch die Genehmigung eines Geschäfts Seitens des Gegenvormundes wird der Vormund, durch die Genehmigung Seitens des Vormundschaftsgerichts werden der Vormund und der Gegenvormund von ihrer Haftpflicht dem Mündel gegenüber nicht befreit.

§. 50. Der Mündel wird der Rechtswohlthat des Nachlaßverzeichnisses bei einer ihm angefallenen Erbschaft durch Handlungen oder Unterlassungen des Vormundes nicht verlustig.

III. Beaufsichtigung der Vormundschaft.

§. 51. Das Vormundschaftsgericht hat über die gesammte Thätigkeit des Vormundes und des Gegenvormundes die Aufsicht zu führen.

Das Vormundschaftsgericht ist befugt, gegen den Vormund und den Gegenvormund Ordnungsstrafen zu verhängen. Eine Ordnungsstrafe darf den Betrag von dreihundert Mark nicht übersteigen.

§. 52. Dem Vormundschaftsgericht sind für jede Gemeinde oder für örtlich abzugrenzende Gemeindetheile ein oder mehrere Gemeindeglieder als Waisenräthe zur Seite zu setzen.

Für benachbarte Gemeindebezirke können dieselben Personen zu Waisenräthen bestellt werden.

Das Amt eines Waisenraths ist ein unentgeltliches Gemeindeamt.

Durch Beschluß der Gemeindebehörde kann das Amt des Waisenraths besonderen Abtheilungen der Gemeindeverwaltung übertragen oder mit schon bestehenden Organen der Gemeindeverwaltung verbunden werden.

Auf selbstständige Gutsbezirke finden die vorstehenden Bestimmungen mit der Maßgabe entsprechende Anwendung, daß die Waisenräthe von dem Gutsvorsteher ernannt werden.

§. 53. Der Waisenrath hat die Aufsicht über das persönliche Wohl des Mündels und über dessen Erziehung zu führen, insbesondere Mängel oder Pflichtwidrigkeiten, welche er bei der körperlichen oder sittlichen Erziehung des Mündels wahrnimmt, anzuzeigen, auch auf Erfordern über die Person des Mündels Auskunft zu ertheilen.

Er hat diejenigen Personen vorzuschlagen, welche im einzelnen Falle zur Berufung als Vormund oder Gegenvormund geeignet erscheinen.

§. 54. Das Vormundschaftsgericht hat dem Waisenrath des Bezirks, in welchem der Mündel wohnt, von der einzuleitenden Vormundschaft, sowie in den Fällen des zweiten Absatzes §. 12. und des §. 13. von der gesetzlichen Vormundschaft Kenntniß zu geben und den Vormund namhaft zu machen.

Von einer Verlegung der Wohnung des Mündels in eine andere Gemeinde oder einen anderen Bezirk hat der Vormund den Waisenrath zu benachrichtigen. Dieser hat dem Waisenrath des neuen Aufenthaltsortes Kenntniß zu geben.

§. 55. Das Vormundschaftsgericht hat vor einer von ihm zu treffenden Anordnung auf Antrag des Vormundes oder des Gegenvormundes oder eines Verwandten oder Verschwägerten des Mündels drei von den näheren Verwandten oder Verschwägerten desselben, sofern sie ohne Verzug erreichbar sind, gutachtlich zu hören. Es steht ihm frei, auch ohne Antrag Verwandte oder Verschwägerte des Mündels gutachtlich zu hören.

Das Vormundschaftsgericht hat vor der Entscheidung über die zu einer Handlung des Vormundes erforderliche Genehmigung den Gegenvormund zu hören.

Das Vormundschaftsgericht hat vor der Entscheidung über die Veräußerung einer unbeweglichen Sache oder die Auflösung eines Erwerbsgeschäfts den Mündel, welcher das achtzehnte Lebensjahr zurückgelegt hat, zu hören.

Die Wirksamkeit der Anordnungen des Vormundschaftsgerichts ist von der Anhörung der bezeichneten Personen nicht abhängig.

§. 56. Das Vormundschaftsgericht hat jährlich von dem Vormund Rechnungslegung über die Vermögensverwaltung zu fordern. Bei Verwaltungen von geringerem Umfange kann, wenn die

Rechnung des ersten Jahres gelegt ist, der Termin für die folgenden auf zwei bis drei Jahre bestimmt werden.

Mehrere zu ungetrennter Verwaltung bestellte Vormünder legen die Rechnung gemeinschaftlich.

Der Rechnung sind ein Vorbericht über den Ab- und Zugang des Vermögens und die Beläge beizufügen. Unter der Rechnung hat der Vormund zu versichern, daß er alle Einnahmen verrechnet habe und außer den in der Rechnung aufgeführten vormundschaftlichen Vermögensstücken andere nicht verwahre.

Die Rechnung ist vor der Einreichung dem Gegenvormund unter Nachweisung des Vermögensbestandes vorzulegen und von diesem mit seinen Bemerkungen zu versehen.

Das Vormundschaftsgericht hat die Rechnung sachlich und nach den Belägen zu prüfen, nach Erledigung der Erinnerungen dem Vormund die Beläge mit einem Vermerke des erfolgten Gebrauchs zurückzugeben und auf Verlangen Abschrift der Rechnung zu ertheilen.

§. 57. Der Vater, die Mutter, der Ehemann und die Großeltern des Mündels sind von der Rechnungslegung während der Verwaltung frei. Der Vater und die Mutter sind berechtigt, in der §. 17. Nr. 2. bestimmten Form den von ihnen benannten Vormund von der Rechnungslegung während der Verwaltung zu befreien.

In Fällen, in denen keine Rechnungslegung stattfindet, hat der Vormund auf Erfordern des Vormundschaftsgerichts alle zwei Jahre oder in längeren Zwischenräumen eine Uebersicht des Vermögensbestandes einzureichen, welche vorher dem Gegenvormund unter Nachweisung des Bestandes vorzulegen und von diesem mit seinen Bemerkungen zu versehen ist. Der Vater des Mündels ist von dieser Verpflichtung frei.

Das Verbot der Offenlegung des Vermögensverzeichnisses ist rücksichtlich des davon betroffenen Vermögens als Befreiung von der Rechnungslegung und der Einreichung der Vermögensübersicht zu erachten.

§. 58. Vormünder, welche für den Mündel ein erhebliches Vermögen zu verwalten haben, können von dem Vormundschaftsgerichte zur Stellung einer Sicherheit angehalten werden. Die Art und der Umfang der Sicherheit wird nach richterlichem Ermessen bestimmt; sie kann jederzeit erhöhet, gemindert oder erlassen werden.

Kosten, welche aus der Stellung der Sicherheit erwachsen, sind aus dem Vermögen des Mündels zu entrichten.

§. 59. Der Vater, sowie die Mutter des Mündels sind berechtigt, in der §. 17. Nr. 2. bestimmten Form den von ihnen benannten Vormund von der Pflicht zur Sicherheitsstellung zu befreien.

Die Befreiung fällt weg, wenn Umstände eingetreten sind, welche nach dem Ermessen des Vormundschaftsgerichts eine Sicherheitsstellung nothwendig machen.

Der Vater, die Mutter, der Ehemann und die Großeltern als Vormünder und der Gegenvormund sind von der Pflicht zur Sicherheitsstellung frei.

§. 60. Das Vormundschaftsgericht kann anordnen, daß Werthpapiere des Mündels, welche auf den Inhaber lauten oder an den Inhaber gezahlt werden können, und Kostbarkeiten bei der Reichsbank oder bei einer anderen dazu bestimmten Behörde oder Kasse in Verwahrung genommen oder daß jene Werthpapiere außer Kurs gesetzt werden.

Diese Anordnungen finden gegen den Vater des Mündels als Vormund nicht statt. Sie finden gegen den von dem Vater benannten Vormund nicht statt, wenn sie von dem Vater in der §. 17. Nr. 2. bestimmten Form ausgeschlossen sind.

Das Vormundschaftsgericht muß die Verwahrung eintreten lassen, wenn der bestellte Vormund sie beantragt.

IV. Beendigung der Vormundschaft.

§. 61. Die Vormundschaft hört auf, wenn der Mündel die Großjährigkeit erreicht, wenn er für großjährig erklärt wird, wenn er in väterliche Gewalt tritt, und wenn das Ruhen der väterlichen Gewalt oder die Bevormundung des Vaters aufhört.

Die Großjährigkeitserklärung eines Mündels ist zulässig, wenn derselbe das achtzehnte Lebensjahr zurückgelegt hat. Sie erfolgt mit Einwilligung des Mündels durch das Vormundschaftsgericht nach geführter Sachuntersuchung. Verwandte sowie Verschwägerte des Mündels sind nach Maßgabe des §. 55. zu hören.

§. 62. Wird der Vormund oder der Gegenvormund handlungsunfähig, so erlischt das Amt desselben.

Mit der Aufnahme des Mündels in eine Verpflegungsanstalt, deren Vorstand nach §. 13. die Rechte eines gesetzlichen Vormundes erlangt, erlischt das Amt des bisherigen Vormundes.

§. 63. Der Vormund oder der Gegenvormund, welcher sich pflichtwidrig erweist, ist von dem Vormundschaftsgericht zu entsetzen.

Der Vormund oder der Gegenvormund, welcher sich als gesetzlich unfähig erweist oder aus erheblichen Gründen seine Entlassung beantragt, oder welchem die zur Führung der Vormundschaft nach §. 22. erforderliche Genehmigung nicht ertheilt oder entzogen wird, ist von dem Vormundschaftsgericht zu entlassen. Als erhebliche Gründe sind namentlich anzusehen die in §. 23. Nr. 4—7. angeführten Umstände, wenn sie im Laufe der Vormundschaft eintreten.

Diese Vorschriften finden auch auf den gesetzlichen Vormund Anwendung.

Die Beschwerde gegen die erfolgte Entsetzung oder Entlassung ist nur bis zum Ablauf von vier Wochen nach Zustellung der Entscheidung zulässig.

§. 64. Verheirathet sich eine zum Vormunde bestellte Frau, so hat das Vormundschaftsgericht zu entscheiden, ob sie zu entlassen sei. Verwandte sowie Verschwägerte des Mündels sind vorher nach Maßgabe des §. 55. zu hören. Die Beibehaltung ist nur mit Einwilligung des Ehemannes zulässig.

§. 65. Stirbt der Vormund oder der Gegenvormund, so sind der Ueberlebende und die Erben verpflichtet, dem Vormundschaftsgerichte Anzeige zu machen. Die Erben haben für Sicherstellung der in dem Nachlasse befindlichen Vermögensstücke des Mündels zu sorgen.

Sind mehrere Vormünder bestellt, so wird durch den Abgang eines Vormundes das vormundschaftliche Amt der übrigen nicht aufgehoben.

§. 66. Der Vormund sowie der Gegenvormund hat nach Beendigung seines Amtes die Bestallung an das Gericht zurückzugeben.

§. 67. Der Vormund hat nach Beendigung seines Amtes dem bisherigen Mündel oder dessen Rechtsnachfolger oder dem neu bestellten Vormund das verwaltete Vermögen herauszugeben und binnen zwei Monaten Schlußrechnung zu legen.

Der Gegenvormund hat die Schlußrechnung mit seinen Bemerkungen zu versehen und über die von ihm geführte Gegenvormundschaft, sowie über das von dem Vormund verwaltete Vermögen jede erforderte Auskunft zu geben.

Die Schlußrechnung ist dem Vormundschaftsgerichte einzureichen. Dieses hat dieselbe dem bisherigen Mündel oder dessen Rechtsnachfolger oder dem neu bestellten Vormund zur Erklärung vorzulegen und, wenn Ausstellungen nicht gemacht werden, die Entlastung herbeizuführen.

Die Pflicht zur Legung der Schlußrechnung geht auf den Verwalter im Konkursverfahren und auf die Erben des Vormundes über. Die zweimonatliche Frist beginnt für die Erben vom Todestage des Vormundes, oder, wenn ihnen eine Ueberlegungsfrist zusteht, vom Ablauf der letzteren.

§. 68. Von der Pflicht, Schlußrechnung zu legen, kann der Vormund von den Eltern oder dem Erblasser des Mündels nicht befreit werden.

§. 69. Der bisherige Mündel, dessen Rechtsnachfolger und der neu bestellte Vormund sind berechtigt, Behufs Prüfung der Schlußrechnung die Vormundschaftsakten einzusehen.

Dieselben sind verpflichtet, dem Vormund und dem Gegenvormund über treu und richtig geführte Vormundschaft und über Ausantwortung des Vermögens Quittung und Entlastung zu ertheilen.

Die Quittung und Entlastung ist wegen einzelner Ausstellungen nicht zu verweigern. Wegen dieser darf ein Vorbehalt gemacht werden. Im Falle schriftlicher Beurkundung ist der Vorbehalt, um wirksam zu sein, in die Urkunde aufzunehmen.

Die Anerkennung der Rechnung schließt den Beweis eines Irrthums oder eines Betrugs in der Rechnung nicht aus.

§. 70. Die von dem Vormund gestellte Sicherheit ist zurückzugeben und die Löschung der Sicherheitshypothek zu bewilligen, sobald dem Vormund Quittung und Entlastung ertheilt worden ist. Ist bei der Quittung und Entlastung ein Vorbehalt gemacht, so hat das Vormundschaftsgericht zu entscheiden, ob und wie viel von der Sicherheit zurückzubehalten oder von der Hypothek bestehen zu lassen sei.

V. Familienrath.

§. 71. Ein Familienrath ist zu bilden:

1) wenn der Vater oder die Mutter des Mündels nach Maßgabe der in §. 17. für die Berufung eines Vormundes gegebenen Vorschriften die Bildung angeordnet hat,
2) wenn drei Personen, welche mit dem Mündel bis zum dritten Grade verwandt oder verschwägert sind, die Bildung beantragen,
3) wenn der Vormund oder der Gegenvormund die Bildung beantragen.

Die Bildung eines Familienraths unterbleibt, wenn sie von dem Vater oder der Mutter nach Maßgabe der Vorschriften des §. 17. untersagt ist.

Zum Eintritt in den Familienrath kann Niemand gezwungen werden.

§. 72. Der Familienrath wird aus dem Vormundschaftsrichter als Vorsitzendem und aus Verwandten oder Verschwägerten des Mündels als Mitgliedern gebildet. Andere Personen können in denselben berufen werden:

1) durch den Vater oder die Mutter nach Maßgabe der Vorschriften des §. 17.,
2) durch Beschluß eines bestehenden Familienraths.

Nur männliche Personen, welche zur Führung der Vormundschaft gesetzlich fähig sind, können Mitglieder des Familienraths werden. Die Gültigkeit der Bestellung gesetzlich unfähiger Mitglieder ist nach den Vorschriften der §§. 25. 62. zu beurtheilen.

Der Gegenvormund kann zugleich Mitglied des Familienraths sein.

Die Zahl der Mitglieder beträgt höchstens sechs.

§. 73. Soweit die Mitglieder des Familienraths nicht durch den Vater oder die Mutter berufen sind, oder die von diesen Berufenen nicht eintreten oder Mitglieder ausscheiden, erfolgt die Berufung der Mitglieder bis zur Herstellung der Beschlußfähigkeit durch den Vormundschaftsrichter nach Anhörung von Verwandten und Verschwägerten des Mündels, sofern dieselbe ohne Verzug geschehen kann.

Darüber, ob und welche Personen außerdem zu berufen sind, beschließt der Familienrath.

§. 74. Die Mitglieder des Familienraths werden von dem Vormundschaftsrichter durch Verpflichtung auf treue und gewissenhafte Führung ihres Amtes bestellt. Die Verpflichtung erfolgt mittelst Handschlags an Eidesstatt.

§. 75. Der Familienrath hat die Rechte und Pflichten des Vormundschaftsgerichts.

§. 76. Der Familienrath ist nur bei Anwesenheit des Vormundschaftsrichters und mindestens zweier Mitglieder beschlußfähig.

Sind außer dem Vorsitzenden nur zwei Mitglieder vorhanden, so hat der Familienrath ein oder zwei Ersatzmitglieder zu berufen und die Reihenfolge zu bestimmen, in welcher dieselben bei etwaiger Beschlußunfähigkeit einzutreten haben.

§. 77. Der Familienrath wird durch den Vormundschaftsrichter auf den Antrag zweier Mitglieder, des Vormundes oder des Gegenvormundes oder von Amtswegen zusammengerufen.

Alle Mitglieder sind mündlich oder schriftlich durch den Vormundschaftsrichter einzuladen.

Der Familienrath faßt seine Beschlüsse nach der Mehrheit der Stimmen der Anwesenden. Bei Stimmengleichheit giebt die Stimme des Vormundschaftsrichters den Ausschlag.

§. 78. Zum Nachweise eines gültigen Beschlusses genügt die Unterschrift des Vormundschaftsrichters.

Der Vormund kann verlangen, daß ihm die Beschlüsse des Familienraths schriftlich zugehen.

Gegen die Beschlüsse des Familienraths findet Beschwerde nach Maßgabe des §. 10. statt.

Wird ein sofortiges Einschreiten erforderlich, so hat der Vormundschaftsrichter die nöthigen Anordnungen zu treffen und unverzüglich den Familienrath zusammen zu berufen, um diesen von der getroffenen Verfügung in Kenntniß zu setzen und über die weiter zu ergreifenden Maßregeln einen Beschluß herbeizuführen.

§. 79. Die Mitglieder des Familienraths können aus denselben Gründen wie ein Vormund durch das Beschwerdegericht entsetzt oder entlassen werden.

Gegen Mitglieder des Familienraths, welche ohne genügende Entschuldigung ausbleiben, kann der Vormundschaftsrichter eine Ordnungsstrafe bis zu hundert Mark verhängen.

Gegen die Verhängung der Ordnungsstrafe findet Beschwerde nach Maßgabe des §. 10. statt.

§. 80. Fehlt es an der erforderlichen Anzahl von geeigneten Personen zur Bildung oder Ergänzung des Familienraths, so ist die Vormundschaft nach den Vorschriften dieses Abschnitts I.—IV. zu behandeln.

Von der Auflösung des Familienraths sind die bisherigen Mitglieder, der Vormund und der Gegenvormund durch den Vormundschaftsrichter in Kenntniß zu setzen.

Auch ist dem Vormund und dem Gegenvormund eine neue Bestallung zu ertheilen, die frühere aber zurückzugeben.

Dritter Abschnitt.

Vormundschaft über Großjährige.

§. 81. Großjährige erhalten einen Vormund:

1) wenn sie für geisteskrank erklärt sind;
2) wenn sie für Verschwender erklärt sind;
3) wenn sie taub, stumm oder blind und hierdurch an Besorgung ihrer Rechtsangelegenheiten gehindert sind.

§. 82. Abwesende Großjährige, über deren Aufenthalt ein Jahr lang keine Nachricht eingegangen ist, oder welche an ihrer Rückkehr, sowie an der Besorgung ihrer Vermögensangelegenheiten gehindert sind, erhalten einen Vormund zur Vertretung bei ihren Vermögensangelegenheiten, insoweit sie dazu einen Bevollmächtigten nicht bestellt haben oder Umstände eingetreten sind, welche die ertheilte Vollmacht aufheben oder deren Widerruf zu veranlassen geeignet sind.

Aus dringenden Gründen kann demjenigen, dessen Aufenthaltsort unbekannt ist, auch vor Ablauf eines Jahres ein Vormund bestellt werden.

Jeder, welcher dem Vormundschaftsgericht ein Interesse zur Sache nachweist, ist berechtigt, die Einleitung der Vormundschaft zu beantragen.

Die nach dem geltenden Rechte bestehenden Ansprüche der Erben auf die Verwaltung und Nutznießung des Vermögens eines Abwesenden werden durch dieses Gesetz nicht berührt.

§. 83. Der Vater ist gesetzlicher Vormund. In den Fällen des §. 81. Nr. 3. und des §. 82. beginnt sein Amt, sobald das Vormundschaftsgericht den Grund zur Bevormundung festgestellt hat.

Die Ehefrau ist zur Führung der Vormundschaft fähig und hat die in diesem Gesetze dem Ehemann beigelegten Rechte.

Im Uebrigen finden auf die Vormundschaft über Großjährige die Vorschriften des zweiten Abschnittes dieses Gesetzes entsprechende Anwendung. Insbesondere ist auch der Vormund eines Abwesenden berechtigt, für denselben zu erwerben, Rechtsstreite zu führen und nach Maßgabe des §. 50. Erbschaften anzutreten.

Dem Vormund eines Abwesenden oder Verschwenders kann auch bei nicht umfangreicher Vermögensverwaltung ein Honorar zugebilligt werden.

§. 84. Die Vormundschaft über einen Großjährigen hört auf, wenn der Grund zu deren Einleitung gehoben ist, die über einen Abwesenden namentlich auch, wenn derselbe für todt, für verschollen oder im Bezirk des Appellationsgerichtshofes zu Cöln für abwesend erklärt worden ist.

§. 85. Die Einleitung und die Aufhebung der Vormundschaft über einen Verschwender ist von dem Vormundschaftsgericht öffentlich bekannt zu machen.

Vierter Abschnitt.
Pflegschaft.

§. 85. Die in väterlicher Gewalt oder unter Vormundschaft stehenden Personen erhalten einen Pfleger für Angelegenheiten, bei welchen die Ausübung der väterlichen oder vormundschaftlichen Rechte erforderlich ist, aber aus thatsächlichen oder rechtlichen Gründen nicht stattfinden kann.

Bei einem Widerstreit erheblicher Interessen mehrerer Mündel desselben Vormundes erhält jeder Mündel einen Pfleger.

§. 87. Wird bei Zuwendungen an eine in väterlicher Gewalt oder unter Vormundschaft stehende Person durch Anordnung desjenigen, welcher die Zuwendung gemacht hat, eine Pflegschaft nöthig, so ist der bei der Zuwendung Benannte zum Pfleger berufen.

Von der Rechnungslegung während der Dauer der Pflegschaft, von der Sicherheitsstellung und von der Nothwendigkeit der Genehmigung des Gegenvormundes oder des Vormundschaftsgerichts zu gewissen Handlungen kann der Pfleger bei der Zuwendung befreit werden.

§. 88. Eine Leibesfrucht, welche unter Voraussetzung ihrer bereits erfolgten Geburt nicht unter väterlicher Gewalt stehen würde, erhält auf Antrag der Schwangeren, oder auf Antrag desjenigen, dessen Rechte durch eine mögliche Geburt betroffen werden, oder in geeigneten Fällen von Amtswegen einen Pfleger.

§. 89. Ist der Erbe eines Nachlasses unbekannt, so ist zur Erhaltung des Nachlasses und zur Ausmittelung des Erben ein Pfleger zu bestellen.

Die in den einzelnen Landestheilen bestehenden weiteren Befugnisse dieses Pflegers werden durch dieses Gesetz nicht berührt.

Auch bei nicht umfangreicher Vermögensverwaltung kann diesem Pfleger ein Honorar zugebilligt werden.

§. 90. Außer in den Fällen der §§. 86—89. können Personen, welche selbst zu handeln außer Stande sind und der väterlichen oder vormundschaftlichen Vertretung entbehren, für einzelne Angelegenheiten oder für einen bestimmten Kreis von Angelegenheiten einen Pfleger erhalten.

§. 91. Auf die Pflegschaft finden die Vorschriften dieses Gesetzes über die Vormundschaft entsprechende Anwendung; die Bestellung eines Gegenvormundes ist nicht erforderlich.

Die Pflegschaft hört auf, wenn der Grund zu deren Einleitung gehoben ist.

Fünfter Abschnitt.

Schlußbestimmungen.

§. 92. Dieses Gesetz tritt am 1. Januar 1876. in Kraft und findet auch auf die schwebenden Vormundschaften oder Pflegschaften Anwendung, soweit nicht in den nachstehenden Paragraphen etwas Anderes bestimmt ist.

Die vormundschaftliche Thätigkeit der Familienräthe im Bezirk des Appellationsgerichtshofes zu Cöln, der Voluntairgerichte im Bezirk des Justizsenats zu Ehrenbreitstein, der Waisengerichte in den Hohenzollernschen Landen und der Kirchspielsgerichte des Landes Hadeln hört auf.

§. 93. Die bisherigen Vormünder oder Pfleger verbleiben in ihrem Amte; sie können jedoch vom Vormundschaftsgerichte in der Zeit bis zum 1. Januar 1878. entlassen werden, wenn sie zur Führung der Vormundschaft oder Pflegschaft ungeeignet erscheinen, und weder nach Maßgabe der §§. 17. 87. als berufen zu erachten, noch nach Maßgabe der §§. 12. 83. gesetzliche Vormünder sind.

§. 94. Sind einem bisher bestellten oder berufenen Vormund oder Pfleger durch Verfügung der Eltern oder der Erblasser des Mündels nach dem bisherigen Rechte zulässigerweise größere Befugnisse eingeräumt, als dieses Gesetz zuläßt, so bleiben diese Befugnisse bestehen.

§. 95. Die Befugnisse, welche Eltern oder Ehegatten Kraft gesetzlicher Nutznießung am Vermögen der Kinder oder Kraft ehelichen Güterrechts zustehen, werden von diesem Gesetze nicht berührt.

Im Bezirk des Appellationsgerichtshofes zu Cöln hat der Vater nach dem Tode der Mutter die Rechte und Pflichten des gesetzlichen Vormundes. Schreitet der Vater zur ferneren Ehe, so ist das Vermögen des Kindes unter Mitwirkung eines Pflegers durch ein von dem Vater dem Vormundschaftsgerichte einzureichendes Verzeichniß festzustellen.

Die in den übrigen Landestheilen bestehenden Vorschriften, welche vor oder nach der Eheschließung eine Nachweisung, Auseinandersetzung oder Sicherstellung des Vermögens erfordern, bleiben in Kraft.

§. 96. Im Geltungsbereiche der Depositalordnung vom 15. September 1783. kann die Auszahlung von Geldern aus dem Depositum auf Grund der dem Vormund erst durch dieses Gesetz übertragenen Rechte vor dem 1. Januar 1878. nicht verlangt werden.

§. 97. Die Großjährigkeitserklärung eines in väterlicher Gewalt stehenden Kindes erfolgt mit Zustimmung des Vaters nach Maßgabe der Vorschriften des zweiten Absatzes §. 61. Die Anhörung von Verwandten oder Verschwägerten des Kindes ist nicht erforderlich.

Im Bezirk des Appellationsgerichtshofes zu Cöln findet die nach den bisherigen Vorschriften zulässige Emanzipation nicht mehr statt.

§. 98. Die für großjährig Erklärten haben alle Rechte der Großjährigen.

Dasselbe gilt im Bezirk des Appellationsgerichtshofes zu Cöln von den vor dem 1. Januar 1876. Emanzipirten, wenn sie das achtzehnte Lebensjahr zurückgelegt haben. Auf die vor dem 1. Januar 1876. Emanzipirten, welche das achtzehnte Lebensjahr noch nicht zurückgelegt haben, finden die bisherigen Vorschriften mit der Maßgabe Anwendung, daß die dem Familienrathe und dem Landgerichte zugewiesene Thätigkeit von dem Vormundschaftsgerichte auszuüben ist.

§. 99. Die Großjährigkeit tritt als Folge der Verheirathung nicht mehr ein.

Im Bezirk des Appellationsgerichtshofes zu Cöln erlischt durch Verheirathung des Kindes die väterliche Gewalt.

§. 100. Rücksichtlich der Vormundschafts- und Pflegschaftsangelegenheiten der Mitglieder der Königlichen Familie und des Hohenzollernschen Fürstenhauses behält es bei der Hausverfassung sein Bewenden.

§. 101. Die nach dem bisher geltenden Privat-Familienrechte der Häupter und Mitglieder der früher reichsständischen Familien begründeten Rechte werden durch dieses Gesetz nicht berührt.

§. 102. Die Vorschriften des gemeinen deutschen Rechts, des allgemeinen Landrechts und der allgemeinen Gerichtsordnung für die Preußischen Staaten, des Rheinischen Civilgesetzbuchs und der in den einzelnen Landestheilen geltenden Ordnungen und Gesetze über das Vormundschaftswesen, welche in diesem Gesetze nicht ausdrücklich aufrecht erhalten sind, werden aufgehoben.

Urkundlich unter Unserer Höchsteigenhändigen Unterschrift und beigedrucktem Königlichen Insiegel.

Gegeben Coblenz, den 5. Juli 1875.

(L. S.) **Wilhelm.**

Fürst v. Bismarck. Camphausen. Gr. zu Eulenburg. Leonhardt. Falk. v. Kameke. Achenbach. Friedenthal.

Sachregister.

Die Zahlen beziehen sich auf die Seiten.

B.

F.

R.

S.

T.

U.

V.

G. Pätz'sche Buchdr. (Lippert & Co.), Naumburg a/S.

16. **Rechtsanwaltsordnung für das Deutsche Reich.** Von R. Sydow. Zweite Auflage. 50 Pf.
17. **Gebührenordnung für Rechtsanwälte.** Von R. Sydow. Dritte Auflage. 60 Pf.
18. **Das Deutsche Reichsgesetz über die Reichsstempelabgaben** in der Fassung des Gesetzes vom 29. Mai 1885. Von B. Gaupp. 3/4 bis 1890 ergänzte Auflage. 2 M.
19. **Die Seegesetzgebung des Deutschen Reiches.** Von Dr. jur. W. E. Knitschky. 3 M.
20. **Gesetz, betreffend die Krankenversicherung der Arbeiter.** Von E. von Woedtke. Dritte Auflage. 1 M. 20 Pf.
21. **Die Konsulargesetzgebung des Deutschen Reiches.** Von Dr. Philipp Zorn. 4 M.
22. **Patentgesetz. Gesetz über Muster- und Modellschutz. Gesetz über Markenschutz.** Nebst Ausführungsbestimmungen. Von T. Ph. Berger. Zweite Auflage. 1 M.
23. **Unfallversicherungsgesetz** v. 6. Juli 1884 und **Gesetz über die Ausdehnung der Unfall- und Krankenversicherung** vom 28. Mai 1885. Von E. von Woedtke. Vierte Auflage. 2 M.
24. **Reichsgesetz, betreffend die Kommanditgesellschaften auf Aktien und die Aktiengesellschaften.** Von H. Keyßner und Dr. H. V. Simon. Dritte Auflage. 1 M.
25. **Das Deutsche Reichsgesetz wegen Erhebung der Brausteuer** vom 31. Mai 1872. Von E. Bertho. 1 M. 60 Pf.
26. **Die Reichsgesetzgebung über Münz- und Bankwesen, Papiergeld, Prämienpapiere und Reichsanleihen.** Von Dr. R. Koch. Zweite Auflage. 2 M. 40 Pf.
27. **Die Gesetzgebung, betreffend das Gesundheitswesen im Deutschen Reich.** Von Dr. jur. C. Goesch und Dr. med. J. Karsten. 1 M. 60 Pf.
28. **Gesetz, betreffend die Unfallversicherung der bei Bauten beschäftigten Personen.** Vom 1. Juli 1887. Von Leo Mugdan. 1 M. 25 Pf.
29. **Gesetz, betreffend die Erwerbs- und Wirthschaftsgenossenschaften.** Vom 1. Mai 1889. Von L. Parisius. Dritte Ausgabe. 1 M. 25 Pf.
30. **Gesetz, betreffend die Invaliditäts- und Altersversicherung.** Vom 22. Juni 1889. Von E. von Woedtke. 2 M.

Reichs-Justizgesetze. Text-Ausgabe **ohne** Anmerkungen. (Gerichtsverfassungsgesetz, Strafprozeßordnung, Civilprozeßordnung, Konkursordnung.) Gebunden in roth Leinen 3 M. 50 Pf.

Guttentag'sche Sammlung

Preußischer Gesetze.

Taschenformat. Cartonnirt.

1. **Die Verfassungsurkunde für den Preußischen Staat.** Von Dr. Adolf Arndt. Zweite Auflage. 2 M.
2. **Beamten-Gesetzgebung, Preußische.** Enthaltend die wichtigsten Beamtengesetze in Preußen. Mit kurzen Anmerkungen, einem chronologischen Verzeichniß der abgedruckten Gesetze 2c. Von C. Pfafferoth. Zweite neubearbeitete Auflage. 1 M. 50 Pf.
3. **Das Preußische Gesetz, betr. die Zwangsvollstreckung in das unbewegliche Vermögen** vom 13. Juli 1883 und allen Nebengesetzen. Von Dr. J. Krech und Dr. O. Fischer. Zweite Auflage. 1 M.
4. **Die Preußischen Gesetze, betreffend das Notariat** in den Landestheilen des gemeinen Rechts und des Landrechts. Von Dr. Kühne und R. Sydow. 1 M. 20 Pf.
5. **Das Gesetz vom 24. April 1854** (betr. die außereheliche Schwängerung) und die daneben geltenden Bestimmungen des Allg. Landrechts nebst den dazu ergangenen Präjudikaten, der Litteratur 2c. Von Dr. jur. H. Schulze. 75 Pf.
6. **Die Preußischen Ausführungsgesetze und Verordnungen zu den Reichsjustizgesetzen.** Von R. Sydow. Zweite Auflage. 2 M.
7. **Allgemeine Gerichtsordnung für die Preußischen Staaten vom 6. Juli 1793 und Preußische Konkursordnung vom 8. Mai 1855.** Von F. Vierhaus. 2 M. 50 Pf.
8. **Die Vormundschaftsordnung vom 5. Juli 1875,** nebst den dazu erlassenen Nebengesetzen und Allgemeinen Verfügungen. Von Max Schultzenstein. 1 M. 20 Pf.
9. **Die Preußische Grundbuchgesetzgebung.** Von Dr. O. Fischer. 1 M. 20 Pf.

FSC
www.fsc.org
MIX
Papier | Fördert
gute Waldnutzung
FSC® C083411

Kolibri 360 GmbH
Ferdinand-Jühlke-Straße 7
99095 Erfurt, Deutschland
produktsicherheit@kolibri360.de